Privatisierung und Diversifizierung
im Strafvollzug

Europäische Hochschulschriften

European University Studies
Publications Universitaires Européennes

Reihe II **Rechtswissenschaft**

Series II Law

Série II Droit

Band/Volume **5582**

Eun Meeh Cho

Privatisierung und Diversifizierung im Strafvollzug

PL ACADEMIC RESEARCH

Bibliografische Information der Deutschen Nationalbibliothek
Die Deutsche Nationalbibliothek verzeichnet diese Publikation in der Deutschen Nationalbibliografie; detaillierte bibliografische Daten sind im Internet über http://dnb.d-nb.de abrufbar.

Zugl.: Frankfurt (Main), Univ., Diss., 2011

D 30
ISSN 0531-7312
ISBN 978-3-631-61604-8 (Print)
E-ISBN 978-3-653-04254-2 (E-Book)
DOI 10.3726/978-3-653-04254-2

PL Academic Research ist ein Imprint der Peter Lang GmbH.
Peter Lang – Frankfurt am Main · Bern · Bruxelles · New York · Oxford · Warszawa · Wien

Dieses Buch wurde vor Erscheinen peer reviewed.

www.peterlang.com

Zur Ehre Gottes

Vorwort

Die vorliegende Arbeit wurde im Februar 2011 abgeschlossen und von der Juristischen Fakultät der Johann Wolfgang Goethe-Universität in Frankfurt am Main als Dissertationsschrift angenommen.

Ich kann mir mein Studium in Deutschland ohne die Unterstützung vieler Personen kaum vorstellen. Ein besonderer Dank gilt meinem Doktorvater Herrn Prof. Dr. Cornelius Prittwitz, für die Betreuung dieser Arbeit. Ohne seine Anregungen und seine herzliche Unterstützung hätte ich das Doktorstudium in Deutschland nicht vollbringen können. Ich danke auch Herrn Prof. Dr. Dirk Fabricius für die Erstellung des Zweigutachtens.

Mein Dank gilt ferner meinen Freuden und Mitarbeitern der Weinstockgemeinde.

Von ganzem Herzen danken möchte ich auch meiner Familie für die unermüdliche Unterstützung während des Studiums und des Promotionsverfahrens. Ohne sie wäre dieser Weg so nicht möglich gewesen.

Ohne das Dasein vieler Menschen kann ich mir mein Leben in Deutschland kaum vorstellen. Mit ihrer Unterstützung konnte ich Kraft für das Leben in Deutschland gewinnen. Vor allem danke ich Deutschland, dessen Erziehungssystem hauptsächlich mein Studium in Deutschland ermöglicht hat.

Inhaltsverzeichnis

1. Einleitung

1.1 Überblick

Man kann ernsthaft darüber nachdenken, welche Rolle das Gefängnis in der heutigen modernen Gesellschaft spielt. Dabei lässt sich feststellen, dass das Gefängnis eher einer Ansammlung von Straftätern als einer Institution gleicht, in der die Insassen zu einem Leben in Freiheit befähigt bzw. resozialisiert werden. Das wirft die Frage auf, ob das Ziel des Strafvollzugs, nämlich die Resozialisierung, in einer Justizvollzugsanstalt überhaupt verwirklicht werden kann. Das Ziel des Vollzugs liegt einerseits im Interesse des Gefangenen und andererseits im der Gesellschaft, die Allgemeinheit vor den Straftätern zu schützen und die Gefangenen zu befähigen, künftig in sozialer Verantwortung ein Leben ohne Straftaten zu führen (§ 2 StVollzG).[1] Auch in den Entscheidungen des Bundesverfassungsgerichtes wird deutlich, dass die Resozialisierung oder Sozialisation als herausragendes Ziel der Freiheitsstrafe des Strafvollzugs angesehen wird.[2]

> *„Dem Gefangenen sollen Fähigkeit und Wille zu verantwortlicher Lebensführung vermittelt werden, er soll es lernen, sich unter den Bedingungen einer freien Gesellschaft ohne Rechtsbruch zu behaupten, ihre Chance wahrzunehmen und ihre Risiken zu bestehen".*[3]

Die Justizvollzugsanstalt ist eine kleine Gesellschaft, mit der ein Sich-Aneignen der Werte jener Kultur wie in einer normalen Gesellschaft verbunden ist. Durch die Justizvollzugsanstalt werden die Chancen einer sozialen Wiedereingliederung der Gefangenen verbessert. Die Fähigkeit und der Wille zu verantwortlicher Lebensführung sollen den Gefangenen während des Aufenthalts in der Anstalt vermittelt werden. Auch sind den Gefangenen jene Bedingungen zu bieten, unter denen sie ihre Lebenstüchtigkeit entfalten und festigen können.

Aber in den heutigen Justizvollzugsanstalten werden mehr Gefangene untergebracht, als Platz ist. Die Mängel des heutigen Strafvollzugs ergeben sich nicht nur, aber auch zu einem beachtlichen Teil aus der hohen und weiter steigenden Gefangenenzahl.

---

1 Meister, S. 111f.
2 Du Mênil, S. 57.
3 BverfGE 35, 202, 235ff.

Viele der Haftanstalten sind nach einem deutlichen Anstieg der Belegungsquote in den zurückliegenden Jahren chronisch überbelegt. Die Überbelegung ist keineswegs wegen zu knapper Vollzugskapazität hinzunehmen und kann nicht nur mit dem Vollzugsziel, sondern auch mit dem grundgesetzlich verankerten Recht des Gefangenen auf die Achtung seiner Menschenwürde[4] und dem Verbot unmenschlicher oder erniedrigender Behandlung kollidieren.[5] Die Straftäter kommen mit ungünstiger Sozialprognose in den Vollzug und die Wahrscheinlichkeit eines Rückfalls sehr hoch ist.

Allgemein lässt sich als Gemeinsamkeit erkennen, dass unter der „Privatisierung“ eine Verlagerung staatlicher Aufgabenerfüllung in den Bereich des Privatrechts verstanden wird, der sich ausschließlich nach den Regeln des öffentlichen Rechts richtet. Also umschreibt dieser vielgebrauchte Begriff eine Bewegung weg vom Staat hin zum Privaten. Die Privatisierung wird meistens als eine Übernahme öffentlicher Aufgaben durch private Unternehmen verstanden. Die verschiedenen ideologischen Ansätze, die hinter der Forderung nach der Privatisierung stehen, lassen sich vereinfacht zwei Hauptrichtungen zuordnen, nämlich einerseits einer ökonomisch und andererseits einer partizipatorisch orientierten Richtung. Dieser Privatisierungsweg der Justizvollzugsanstalten kann durch viele Gefangenenhilfsinitiativen zunehmend Verbreitung finden und ist ein Wandel für Innovation und Veränderung im Strafvollzug.

In jüngster Zeit wird in vielen Ländern über die Privatisierung der Justizvollzugsanstalten diskutiert, z. B. existiert in den USA, in Australien und in Großbritannien im Bereich des Strafvollzugs eine Reihe stationärer Einrichtungen, die durch private Unternehmen betrieben werden.[6] In diesen Staaten haben sich mittlerweile schon große Unternehmen entwickelt, die sich auf die Errichtung und den Betrieb der Justizvollzugsanstalten spezialisiert haben. Über die Privatisierung des Strafvollzugs in Deutschland wird immer noch diskutiert. Einen möglichen Teilbetrieb durch private Betreiber hält man in den engen Grenzen für zulässig, hinsichtlich einer tatsächlichen Umsetzung herrscht bisher allerdings noch Zurückhaltung. Durch eine mögliche Privatisierung der Justizvollzugsanstalten könnten die öffentlichen Haushalte entlastet werden, und es könnten innovative Ansätze im Strafvollzug praktiziert werden. Darüber

---

4 Kant leitete ab: „Ein jeder Mensch hat rechtmäßigen Anspruch auf Achtung von seinen Nebenmenschen, und wechselseitig ist er dazu auch gegen jeden Anderen verbunden.“ (Kant, S. 462); vgl. Kreuzbauer, S. 47. Der unantastbare Achtungsanspruch der Menschenwürde ist das in Art. 1 Abs. 1 GG normierte und in Art. 19 Abs. 2 GG und Art. 79 Abs. 3 GG zusätzlich gesicherte, oberste Konstitutionsprinzip der deutschen Verfassung.

5 Meister, S. 112f.

6 Laubenthal, S. 20.

hinaus könnte die Resozialisierung der Strafgefangenen durch die Privatisierung mehr Erfolg bringen.

Die Privatisierung der Justizvollzugsanstalten bietet sich als Thema dieser Arbeit an, weil auf diesem Gebiet erste Ansätze für Privatisierungsmaßnahmen vorhanden sind. In dieser Arbeit soll ein Modell für ein neues Strafvollzugsystem der privaten Justizvollzugsanstalt mit einem christlichen Programm und dabei einer Möglichkeit zur Besserung der Resozialisierung der Strafgefangenen vorgestellt werden.

1.2 Zur Situation im heutigen Strafvollzug

Die Konzepte der Kriminalpolitik sind mehr denn je in der Diskussion. Man kann bereits von einer Krise der Strafe, des Strafrechts und des Strafvollzugs sprechen.[7] Der Strafvollzug eignet sich besonders dafür, die Problemfelder in unserer Gesellschaft zu erkennen. Bis heute wollen die Forderungen nach weiteren Privatisierungen nicht enden. In den gegenwärtigen Justizvollzugsanstalten wird die Resozialisierung als Vollzugsziel für die Gefangenen nur mäßig erreicht. Aufgrund der Anstaltsüberbelegungen, hoher Vollzugskosten, staatlicher Personalknappheit, der Höhe der Rückfallsrate entlassener Strafgefangener und angesichts der Privatisierung der Staatstätigkeit und Staatlichkeit in anderen Bereichen wird nun die Privatisierung auch bei den Justizvollzugsanstalten überlegt und eingeführt. Die Beobachtung privater Justizvollzugsanstalten ist ein besonders gutes Anwendungsbeispiel einer Kriminalpolitik. Insgesamt kann man allerdings spüren, dass die Kriminalpolitik mit dem gegenwärtigen Strafvollzug aus den oben genannten Gründen gegenwärtig nicht zufrieden sein kann.

1.2.1 Ziel des Vollzugs

Das einzig legitime Ziel des deutschen Strafvollzugs ist die Resozialisierung des Gefangenen. Die Resozialisierung ist als ein Angebot an die gutwilligen Gefangenen zu verstehen. Das Vollzugsziel ist der Orientierungspunkt und der Maßstab für eine Vielzahl der Entscheidungen im Rahmen eines Strafvollzugsgesetzes. Das Vollzugsziel ist „die wichtigste Programmvorgabe für das, was in der Anstalt geschieht“.[8] Es beeinflusst nicht nur die Rechtsstellung des Gefangenen, sondern

7 Kaiser, S. 151ff.

8 Kaiser/Schöch, S. 230.

wirkt sich auch auf die Organisation, Personalstruktur und räumliche Gliederung der Vollzugsanstalten aus.[9]

§ 2 StVollzG enthält in Bezug auf die Vollzugsziele folgende Vorschläge:

> *„Im Vollzug der Freiheitsstrafe soll der Gefangene fähig werden, künftig in sozialer Verantwortung ein Leben ohne Straftaten zu führen. Der Vollzug der Freiheitsstrafe dient auch dem Schutz der Allgemeinheit vor weiteren Straftaten.“*

Die Lebensbedingungen im Strafvollzug und die Entwicklungen der Gefangenen sind so geregelt, dass die Chancen einer sozialen Wiedereingliederung verbessert[10] und sie auf dem Weg hin zur straffreien Lebensführung vorbereiten werden. Der Gefangene ist ein Individuum, das aus eigener Kraft in der Anerkennung seiner sozialen Bindungen in sozialer Verantwortung handelt.[11] Ein Leben in sozialer Verantwortung muss während des Aufenthalts in der Justizvollzugsanstalt begonnen werden. In dieser Hinsicht muss die Privatisierung der Justizvollzugsanstalt nach der Realisierung der Resozialisierung der Gefangenen angestrebt werden.

1.2.2 Gründe der Einführung privatisierter Justizvollzugsanstalten

Die Situation in den deutschen Justizvollzugsanstalten ist momentan sehr angespannt. Viele Probleme der Strafvollzugspolitik und sogar Kriminalpolitik existieren in der heutigen Gesellschaft. Zur Lösung dieser Probleme muss die Strafvollzugspolitik erneuert werden und es bedarf eines Wandels und einer Innovation des Strafvollzugs. Ein neoklassizistisches Element amerikanischer Kriminalpolitik, die Privatisierung der Justizvollzugsanstalten und anderer Aufgaben des Strafgeschehens hat in vielen Ländern Diskussionen über die Einführung der privat organisierten Justizvollzugsanstalt ausgelöst.

1.2.2.1 Anstaltsüberbelegungen

In den heutigen Justizvollzugsanstalten ist die Überbelegung ein komplexes Problem. Die Entwicklung der Gefangenenpopulation zeigt, dass das Problem der Überbelegung und damit einer der Mindestgrundsätze für die Behandlung der Gefangenen erneuert werden sollte. Die Überbelegung der Justizvollzugsanstalten

---

9 Laubenthal, S. 65f; Kaiser/ Schöch, S. 230.

10 Laubenthal, S. 67.

11 Calliess/Müller-Dietz, 2005, § 2 Rn. 3f.

hat negative Folgen nicht nur für die Gefangenen, sondern auch für die Vollzugsbediensteten und sogar für die Allgemeinheit.[12] In Deutschland und dem europäischen Ausland steigen die Gefangenenanzahlen in den letzen Jahren kontinuierlich an.[13] Die Anzahl der Gefangenen in den deutschen Gefängnissen liegt mit circa 90 pro 100.000 Einwohner unter dem europäischen Durchschnitt, der etwa bei 120 Gefangenen pro 100.000 Einwohner liegt.[14] Insgesamt gibt es in Deutschland 199 Justizvollzugsanstalten, 20 davon sind die Anstalten des offenen Vollzugs. Bundesweit saßen 61.878 Gefangene im Jahr 2009 ein, davon sind 3.312 Frauen und 58.566 Männer.[15] Dem gegenwärtigen Stand der Zahl der Strafgefangenen war ein deutlicher Anstieg in den 1990er-Jahren vorausgegangen. Zwischen 1992 und 2000 erhöhte sich die Zahl der Strafgefangenen in Deutschland von 39 500 um mehr als 50%.[16]

Aufgrund der Überbelegung können dem Gefangenen die Fähigkeit und der Wille zu verantwortlicher Lebensführung in der Tat nicht vermittelt werden. Die Auskünfte sprechen wohl für den Misserfolg des Strafvollzugs in dem Maße, dass ehemalige Gefangenen ihre kriminellen Karrieren im Regelfall fortsetzen. Rund die Hälfte der aus dem Strafvollzug Entlassenen wird innerhalb von sechs Jahren wiederum strafrechtlich verurteilt.

1.2.2.2 Reduzierung der Vollzugskosten

Der Vollzug schafft nicht nur allen unmittelbar Beteiligten soziale Risiken, sondern ist auch für die Gesellschaft ökonomisch bedeutend. Angesichts der immensen Kosten des Strafvollzugs erhofft man sich von der Privatisierung der Justizvollzugsanstalten eine Kostenentlastung für die öffentlichen Haushalte. Zum Zweck der Kosteneinsparungen für den Staat braucht der Strafvollzug eine andere Unterstützung, um ein menschenwürdiges Leben der Gefangenen zu gewährleisten. Die Privatisierung des Strafvollzugs kann möglicherweise helfen, die Vollzugskosten zu senken, und man erwartet, dass die Privatisierung zu einem Kostenwettbewerb

12 Kaiser/ Schöch, S. 120ff.

13 Mushoff, S. 20.

14 Preusker, S. 95f.

15 Strafgefangene nach Geschlecht, Alter und Art des Vollzugs, voraussichtliche Vollzugsdauer, Statistisches Bundesamt Deutschland, Stichtag: 31.3.2009, https://www.destatis.de/DE/ZahlenFakten/GesellschaftStaat/Rechtspflege/Justizvollzug/Tabellen/Strafgefangene.html.

16 Statistisches Bundesamt (Hrsg.), Wirtschaft und Statistik, 2/2003, S. 89.

auf Seiten der Anbieter führt und somit zur Erstellung kostengünstiger sozialer Dienstleistungen beiträgt.[17]

1.2.2.3 Trend zur Privatisierung öffentlicher Aufgaben

Die aktuelle Diskussion über eine Privatisierung öffentlicher Aufgaben hat in vielen anderen Ländern inzwischen alle Bereiche staatlicher Tätigkeiten erreicht. Mittlerweile wird das Wettbewerbsprinzip eingesetzt, um den Staat bei der Wahrnehmung öffentlicher Aufgaben zurückzudrängen.

Fiskalpolitische Überbelegungen und die Überregulierung des staatlichen Handels haben den Staat bewogen, den Rückzug anzutreten und auf Effizienz, Innovation und Kostenersparnis privater Marktanbieter zu setzen.[18] Gleichzeitig können die privaten Betreiber bessere Qualität aufgrund ihrer Flexibilität liefern.

1.2.2.4 Internationale Entwicklung der Privatisierung im Strafvollzug

Überall sehen sich die Regierungen gezwungen, die öffentlichen Ausgaben zu kürzen und die Dienstleistungen für die Bürger und Bürgerinnen zu liberalisieren. Die heutige Kriminalpolitik versucht, der Resozialisierung auf verschiedene Weise Rechnung zu tragen, sei es durch die Einschränkung der Freiheitsstrafe oder Verbesserung des Vollzugs. Gleichzeitig erhöhen sich die Anforderungen an die Strafrechtspflege ständig.

Private Justizvollzugsanstalten sind in den anderen rechtsstaatlichen westlichen Demokratien wie Australien, Großbritannien und den USA schon seit längerer Zeit bekannt. Darüber hinaus greifen freilich seit dem Anfang der 1990er Jahre gewisse Entwicklungen, die sich enger an die skizzierten amerikanischen und europäischen Tendenzen anlehnen.[19]

Auf internationaler Ebene nimmt man die Entwicklung der Privatisierung des Strafvollzugs längst ernst. Inzwischen sind in 30 Bundesstaaten der USA, in England, in Neuseeland, in Australien, in zwei Provinzen Kanadas, in Südafrika, in Chile und in Japan private oder teilprivatisierte Justizvollzugsanstalten in Betrieb.

---

17 Wohlfahrt, S. 49f.

18 Meyer, S. 272f.

19 „Die Vorstellung, eine privatwirtschaftliche Firma aufzubauen, die das Gefängnissystem betreibt, stammt aus dem Jahr 1980 und beginnt mit einer Firma aus Nashville mit dem Namen Corporation of Amerika. Nachdem diese zunächst mit einem ersten Vertrag 1981 das Arbeitshaus des Hamilton County übernahm, hat die CCA sich in 32 Staaten im Ausland ausgebreitet.“ (Ervin, o.S.)

In Südkorea und Brasilien haben die Regierungen Verträge mit den religiösen Gemeinschaften über den Betrieb einer Justizvollzugsanstalt abgeschlossen. In Deutschland sind bislang wenige Privatisierungsprojekte auf einzelne Bereiche im Strafvollzug beschränkt geblieben. Es wurden bereits zum Teil privatisierte Anstalten in Hessen, Baden-Württemberg und Sachsen eröffnet. Einige Bundesländer haben vor, eine zum Teil privatisierte Anstalt einzuführen.

1.3 Aufbau der Arbeit

Die Arbeit befasst sich eingangs mit dem Ziel des Vollzugs privater Justizvollzugsanstalten. Zur Entschärfung der Überbelegungsproblematik wird in der Gegenwart neben den Alternativen zur Freiheitsstrafe zunehmend auf die Privatisierung der Justizvollzugsanstalt verwiesen. Die Privatisierung der Justizvollzugsanstalt wird mit der Hilfe unterschiedlicher Strategien gefördert.

Die vorliegende Arbeit über die Privatisierung der Justizvollzugsanstalten soll in fünf Kapitel gegliedert werden. Zuerst sollen zur Verdeutlichung rechtlicher, betriebswirtschaftlicher und sozialpolitischer Probleme die Grenzen der Privatisierung der Justizvollzugsanstalten und deren Möglichkeiten erklärt werden.

Das zweite Kapitel beinhaltet Vergleiche und Analysen privater Justizvollzugsanstalten, die in den anderen Ländern, z. B. in den USA, Großbritannien und Australien durchgeführt werden. Weiterhin wird ein Modell einer zum Teil privatisierten Justizvollzugsanstalt in Deutschland unter die Lupe genommen.

Im dritten Kapitel wird das Verhältnis zwischen Religion und Strafvollzug mit besonderem Blick auf die Gefangenen behandelt.

Anschließend befasst sich das vierte Kapitel als inhaltlicher Schwerpunkt der vorliegenden Arbeit ausführlich mit dem Programm einer christlich-privaten organisierten Justizvollzugsanstalt, wie es in Brasilien und in den USA erfolgreich durchgeführt wird und wurde.

Um diese Modellvorstellungen greifbar werden zu lassen, wird anschließend eine christlich organisierte, private Justizvollzugsanstalt mit christlichem Programm und dem Gesetz zur privaten Justizvollzugsanstalt in Südkorea untersucht.[20]

---

20 Das Gesetz zur privaten Justizvollzugsanstalt in Südkorea ist 2001 in Kraft getreten.

2. Grenzen der Privatisierung der Justizvollzugsanstalten

2.1 Grundlage der Diskussion um die Privatisierung

Die Frage nach den Grenzen der Privatisierung von Staatsaufgaben stellt sich im Bereich des Strafvollzugs mit besonderer Dringlichkeit.

2.1.1 Privatisierung der Staatsaufgaben

Die Diskussion um den Staat und die Staatsaufgaben leidet unter einer eigenartigen Unbestimmtheit ihres Gegenstandes. Der Staat[21] besitzt keine eigene Identität, handelt nicht selbst, sondern ist zuerst nichts anderes als eine Selbstbeobachtung der Politik.[22] Der Staat kann einerseits nicht ohne die ihm übertragene Zuständigkeit gemeinwohlfähig handeln, andererseits besteht die Gefahr, dass er durch die Wahrnehmung dieser Zuständigkeit gemeinwohlwidrig handelt, indem er seine Allmacht gegen die Interessen der Bürger als Individuen ausübt.[23]

---

21 Bob Jessop hat den Staat als „Sechs Achsen" analysiert: „Der Staat kann mit Blick auf seine unterschiedlichen Formen der Repräsentation oder Interessenvermittlung und ihrer Artikulation alsRepräsentationsregime behandelt werden. Der Staat kann auch unter dem Blickwinkel seiner internenOrganisation behandelt werden, die in der Verteilung der Macht zwischen den verschiedenen Bereichen des Staatssystems zum Ausdruck kommt. Die verschiedenen Formen von Intervention in die bürgerliche Gesellschaft sowie in die kapitalistische Wirtschaft und die damit verbundenen Machttechniken bilden eine dritte Achse für die Untersuchung des Staats. Eine vierte Achse bilden die gesellschaftlichen Grundlagen staatlicher Macht. Eine fünfte Achse betrifft die staatlichen Praktiken und Projekte, die die Grenzen des Staatssystems definieren und ihm ein gewisses Maß an interner Geschlossenheit verleihen. Die sechste hier [...] Achse umfasst die Diskurse, die die illusorische Gemeinschaft definieren, deren Interessenszusammenhalt der Staat im Rahmen eines gegebenen historischen Blocks und Hegemonialprojekts verwalten soll." (vgl. Jessop, S. 48f.)

22 Eichmann, S. 177ff.

23 Mackeben, S. 48f.

2.1.1.1 Staatsaufgabenbegriff

Die Staatsaufgabe ist eine öffentliche Aufgabe, die entsprechend der Verfassung als Pflichtaufgabe des Staats gilt.[24]

Das Bundesverfassungsgericht pflegt einen eher nachlässigen Umgang mit dem Begriff der öffentlichen Aufgaben, mit dem es oftmals die staatlichen oder kommunalen Aufgaben meint.[25] Die Staatsaufgabe lässt sich zuerst nur abstrakt im Bezug auf eine bestimmte Verfassungsordnung definieren. Sie ist daher isoliert zu betrachten.[26] Tatsächlich spielt die Dimension der Staatsaufgaben im Grundgesetz keine herausragende Rolle. Die Staatsaufgaben im juristischen Sinn sind begrifflich weit gespannt und erfassen nach herrschender Auffassung all jene Sachbereiche, die der Staat sich selbst unabhängig von der konkreten Organisationsform zulässigerweise zur Aufgabe gemacht hat.[27]

Das Grundgesetz kennt weder einen Aufgabenkatalog im Sinne ausdrücklicher Aufgaben noch einen Kernbereich notwendiger Staatsaufgaben oder eine Benennung des Staatszweckes als solchen. Somit kann der Staat seine Aufgaben in verschiedenen Bereichen erledigen, nämlich im öffentlichen, im rechtlichen und im privaten Bereich. In der Realität werden zahlreiche öffentliche Aufgaben mehr oder weniger arbeitsteilig zwischen Staat und privaten Akteuren erledigt.[28]

2.1.1.2 Rückzug des Staats

Seit den 1980er Jahren steht das neuartige Phänomen eines Rückzugs aus bestimmten Staatsaufgaben im Vordergrund des Interesses von Politik und Gesellschaft. Der Staat ist in jüngster Zeit ins Gerede gekommen, weil eine ganze Reihe der Menschen den Eindruck hat, dass ihre Erwartungen an den Staat nicht mehr erfüllt werden. Das aus dem Ungleichgewicht zwischen den Erwatungen an das staatliche Handeln und das aus der Möglichkeit des staatlichen Handelns resultierende Dilemma wird immer größer.[29]

Die Bürger fühlen sich nicht mehr sicher, sondern häufig schutzlos, und sie können immer weniger nachvollziehen, welche Leistungen der Staat eigentlich erbringen darf und insbesondere welche Leistungen sie von ihm erwarten dürfen.

---

24 Di Fabio, S. 587f.
25 Kämmerer, Privatisierung, S. 33.
26 Kämmerer, Privatisierung, S. 29f.
27 Gramm, S. 30ff.
28 Gramm, S. 41f.
29 Bull, S. 31f.

Hieraus folgt, dass diese Bürger tendenziell weniger und nicht mehr staatliche Eingriffsbefugnisse in verschiedene Teilbereiche des gesellschaftlichen Lebens fordern.

In moderner Zeit sind die staatlichen Aufgaben einer Weitergabe durch den Staat nicht zugänglich, weil dieser sie nicht mehr selbst übernimmt.[30] Der Rückzug des Staats bzw. der Staatsaufgaben aus sämtlichen Ebenen des gesellschaftlichen Lebens ist deutlich spürbar.[31] Dabei geht die Flexibilität des Staats sogar so weit, wie es in dieser Arbeit am Beispiel der Privatisierung des Strafvollzugs präsentiert wird, indem auch hoheitliche Kernaufgaben privatisiert werden können.

2.1.1.3 Strafvollzug als Staatsaufgabe

Für staatliche Kernaufgaben trägt der Staat im Interesse des Gemeinwohls die Verantwortung. Staatliche Kernaufgaben müssen durch öffentliche Einrichtungen gewährleitstet und selbst vollzogen werden.[32] Die Sicherung des Rechtsfriedens in der Gestalt der Strafrechtspflege ist eine wichtige Aufgabe staatlicher Gewalt. Die Straftäter werden im Rahmen der geltenden Gesetze verurteilt und einer gerechten Bestrafung zugeführt. Der Strafvollzug der Freiheitsstrafen ist ein Teil der Aufgaben, die im Rahmen der Gewährleistung der inneren Sicherheit und Ordnung zu erledigen sind.[33]

Aus der verfassungsrechtlichen Aufgabe des Staats, eine funktionstüchtige Strafrechtspflege zu gewährleisten, folgt auch seine Pflicht, die Vollstreckung einer rechtskräftigen Freiheitsstrafe in der Form des Strafvollzugs sicherzustellen, da das Rechtsstaatsprinzip im Interesse der Sicherheit der Bürger und ihr Vertrauen in die Funktionsfähigkeit staatlicher Institutionen eine Vollstreckung rechtskräftig verhängter Strafen unabdingbar macht.[34]

Man kann die Aussage treffen, dass der Strafvollzug gegenwärtig eine notwendige und wichtige staatliche Aufgabe ist und zum Kernbereich des hoheitlichen Handelns gehört. Generell versteht man unter Strafvollzug die Art und Weise der Durchführung freiheitsentziehender Kriminalsanktionen, und zwar von der Aufnahme der Verurteilten in die Vollzugsanstalten bis zu ihrer Entlassung.[35] Da der

30 Weisel, S. 61f.
31 Ewald, S. 11.
32 Kißeler, S. 61f.
33 Mösinger, S. 417f.
34 BverfGE 46, 214, 222f.
35 Kaiser/ Schöch, S. 1.

Staat straft und dabei auch Freiheitsstrafen verhängt, ist es auch seine Aufgabe, den Freiheitsentzug tatsächlich stattfinden zu lassen.

Die Kernfunktion des Strafvollzugs behält das Bundesrecht dementsprechend dem Staat als Verwaltungsaufgabe vor. Der Staat soll das kriminalpolitische und rechtsstaatliche Gestaltungs- und Direktionsrecht beibehalten.[36] Darum kann man argumentieren, dass der Strafvollzug beim Staat verbleiben soll. Aber der Strafvollzug verfolgt laut StVollzG und GG besonders das Ziel der Resozialisierung. In diesem Zusammenhang kann ein Privatisierungspotenzial respektiert werden, obwohl der Strafvollzug eine staatliche Aufgabe ist.

2.1.1.4 Funktion des Strafvollzugs

§ 2 Abs. 1 StVollzG legt das kriminalpolitische und rechtsethische Programm des Strafvollzugs dar. Aus Art. 1 Abs. 1 GG in Verbindung mit dem Sozialstaatsprinzip wurde die Resozialisierung bzw. Sozialisation als das herausragende Ziel des Strafvollzugs entwickelt. Die Gestaltung des Vollzugssystems soll gewährleisten, dass im Rahmen des Zumutbaren das für die Realisierung der Resozialisierung erforderliche Personal und die dafür geeigneten Sachmittel bereitgestellt werden.[37] Darüber hinaus bestimmt die Gestaltung des Vollzugssystems im Wesentlichen die Lebensführung eines jeden Gefangenen, so dass Anspruch auf eine Resozialisierung erhoben werden kann. Das Resozialisierungsangebot fordert eine öffentlich-rechtliche Trägerschaft des Vollzugs.

Die staatlichen Strafvollzugsanstalten sind stark überbelegt und hieraus ergeben sich Probleme bei der Durchführung des Behandlungsprogramms. Aufgrund der Überbelastung der Strafvollzugsanstalten entgeht den meisten Strafgefangenen die Chance, mit einer nützlichen Tätigkeit die Resozialisierung zu erhoffen. Unter den derzeit bestehenden Verhältnissen im staatlichen Strafvollzug scheint eine wesentliche Resozialisierung nicht möglich zu sein.[38] Um diese Probleme zu lösen, könnte durch die Einführung der Privatisierung im Strafvollzug ein besserer Standard für die Resozialisierung bzw. Wiedergutmachung erwartet und eine bessere Effektivität für die Gestaltung des Vollzugs erzielt werden. Es lässt sich beim Anspruch auf die Resozialisierung ein Argument für die Privatisierung erkennen.

36 Preusker, S. 93f.

37 Mösinger, S. 419.

38 Kulas, Die gesetzlichen Grundlagen, S. 35.

2.1.2 Diskussion um die Privatisierung

Die Privatisierungsdiskussion ist zwar nicht neu, aber in einigen rechtwissenschaftlichen Debatten immer noch aktuell.[39] Die Debatte um die Privatisierung lässt sich dabei auch in einem globalen Kontext beobachten. Mit der Aufhebung des staatlichen Rundfunkmonopols begann der Staat bereits zu Beginn der 1980er Jahre, einen Teil seiner Aufgaben auf die Gesellschaft zu übertragen und sich damit stückweise seiner Verantwortung zu entziehen. Das allgemeine Thema der Privatisierung staatlicher Aufgaben ist vielfach erörtert worden und es ist gesellschafts- wie rechtspolitisch spannungsgeladen.[40] Deshalb soll auch in Frage gestellt werden, in welchem Maße der Staat durch die Privatisierung in seinem Wesen verändert wird. Die Diskussion um die Grundlagen der Privatisierungsdiskussion soll im Folgenden kurz angesprochen werden. Danach werden sie auf dieser Basis einige Formen und Varianten benannt.

2.1.2.1 Zum Begriff der Privatisierung

Der Begriff der Privatisierung ist so vielschichtig und facettenreich wie die unzähligen Diskussionen über Sinn und Unsinn der Privatisierung. Dem Begriff der Privatisierung wird keine rechtsdogmatische, sondern eine lediglich heuristische Funktion zuerkannt.[41]

Unter Privatisierung kann man allgemein einen Leistungsbereich oder auch einen Aufgabenbereich verstehen, den der Staat ursprünglich als seine eigene Kompetenzsphäre betrachtet bzw. selbst durch eigene, direkt in ihm eingegliederte Einrichtungen ausgeübt oder durchgeführt und auf Dritte außerhalb der staatlichen Organisation übertragen hat.[42] Im Vordergrund stehen bei der Privatisierung öffentlicher Leistungen die Ziele einer Entlastung öffentlicher Haushalte und die Erhöhung der Effizienz der Leistungserbringung.

---

39 Die Privatisierung „setzt mit der Ausdifferenzierung von Staat und Gesellschaft im neuzeitlichen Gemeinwesen ein; diese Ausdifferenzierung bildet die Grundlage dafür, dass Rechtsmachtübertragungen im Verhältnis staatlich/privat überhaupt stattfinden können." (Kämmerer, Privatisierung, S. 61)

40 Nibbeling, S. 15.

41 „Unter ‚Privatisierung' wird heute im Einklang mit dem natürlichen Begriffsverständnis ein Vorgang verstanden, der […] sich in Richtung ‚Privatheit' bewegt." (Kämmerer, Privatisierung, S. 11.)

42 Mackeben, S. 18f.; Gramm, S. 90.

Privatisierung liegt also vor, wenn tatsächlich eine Veränderung eintritt, die finanziell, rechtlich oder de facto die Herrschaftsmacht des öffentlichen Sektors vermindert.[43] Im Folgenden werden die ökonomischen, politischen und rechtlichen Grundmotive der Privatisierung dargestellt.

2.1.2.2 Grundmotive der Privatisierungsdiskussion

Die Forderung nach der Privatisierung der bisher staatlich wahrgenommenen Aufgaben ist immer noch aktuell, wie bereits vorweggenommen wurde. Eine umfassende wissenschaftliche Betrachtung dieses Phänomens muss zuerst diese Frage stellen: Welche Motive stecken eigentlich hinter den bereits skizzierten Privatisierungstendenzen? Es ist dabei festzustellen, dass sich die aktuelle Privatisierungsdiskussion ungeachtet der permanenten wissenschaftlichen Befassung mit dem Thema tendenziell im Kreis dreht.

2.1.2.2.1 Ökonomische Grundmotive (Die wirtschaftlichen Aspekte)

Ein in der öffentlichen wie wissenschaftlichen Diskussion ganz wesentliches Motiv für die Forderung nach der Privatisierung ist die Vorstellung, auf diese Weise die Kostenbelastung der öffentlichen Haushalte senken zu können.[44] Hinter der Privatisierungsproblematik steht grundsätzlich die Frage, ob und inwieweit der Staat für das Wirtschaftsgeschehen Verantwortung tragen soll oder, mit anderen Worten, ob und inwieweit der private Betreiber die Verantwortung übernehmen soll. Die Kernfrage lautet: Inwieweit muss die Erfüllung öffentlicher Aufgaben bzw. das Betreiben öffentlicher Unternehmen unmittelbar durch den Staat erfolgen?[45]

Die Wirkung dieses wirtschaftlichen Aspektes wird durch den Haushaltsgrundsatz der Sparsamkeit unterstrichen. Jede Beurteilung der Effizienz und Kostengünstigkeit hat insbesondere darauf achtzugeben, dass auf den beiden Seiten eine qualitativ vergleichbare Leistung zugrunde gelegt wird.[46] Aus rein wirtschaftlicher Warte ist es also geboten, die vorhandenen Privatisierungspotentiale und den möglichen Privatisierungsgrad für öffentliche Leistungen zu nutzen.[47] Die Privatisierung kann zu einem Kostenwettbewerb auf Seiten der Anbieter führen. Somit soll die

---

43 Völmicke, S. 43.
44 Weisel, S. 92f.
45 Lee, Privatisierung als Rechtsproblem, S. 35ff.
46 Kulas, Privatisierung hoheitlicher Verwaltung, S. 11; Weisel, S. 94f.
47 Völmicke, S. 129f.

staatliche Wirtschaftspolitik zur kostengünstigen Erstellung am weltlichen Prinzip der staatlichen Wirtschaftspolitik ausgerichtet werden, um die Erfüllung öffentlicher Aufgaben bzw. den Betrieb des staatlichen Unternehmens durch private Betreiber zu ermöglichen und zu gewährleisten.[48] Die private Organisation kann flexibler als der Staat agieren und darum erfolgreichere Leistungen erbringen. So wird ein größerer Spielraum für das Management geschaffen und ein Beitrag zur betrieblichen Kostensenkung geleistet.

Der Kapitalismus findet einen solchen gangbaren Weg, um in der Situation leerer öffentlichen Haushalte Abhilfe schaffen zu können. Der Staat wird durch die Privatisierung vor allem von Kosten entlastet. Angesichts der oben genannten ökonomischen Gründe kann dies für den Staatshaushalt sehr hilfreich sein.[49]

Die Privatisierung der Strafvollzugsanstalten in Großbritannien und den USA wurde als Maßnahme zur Finanzierung öffentlicher Aufgaben vorgenommen. Die bisher vorhandenen Studien zu den Kosten, der Qualität und dem Nutzen ermöglichen aufgrund ihres angreifbaren methodischen Ansatzes nur eine eingeschränkte Aussage über eine tatsächliche Effizienzsteigerung durch die Privatisierung.[50] Die Absicht, die Strafvollzugsanstalten allein aus Gründen der Sparsamkeit zu privatisieren, erscheint im Hinblick auf den Resozialisierungsgedanken jedoch höchst problematisch. Vielmehr muss es Ziel einer Privatisierung der Strafvollzugsanstalt sein, die Resozialisierung der Gefangenen in den Vordergrund zu stellen. Die Strafvollzugsanstalten sollten daher nicht nur allein aus ökonomischen Gründen, sondern auch hauptsächlich zur Verbesserung der Resozialisierung der Gefangenen privatisiert werden.

2.1.2.2.2 Politische Grundmotive (Die politischen Aspekte)

2.1.2.2.2.1 Wettbewerbspolitische Sicht

Im Vordergrund der gegenwärtigen Privatisierungsdebatte steht die Überlegung des Standortwettbewerbs sowohl zwischen den Staaten als auch den Kommunen.[51] Im Zuge der Globalisierung bedeutet der Wettbewerb dauerhaft eine Verstärkung des internationalen Konkurrenzdrucks auf dem betreffenden Gebiet. Der Staat als Standort gerät in Gefahr. Ein Konkurrenzdruck führt sicher zu Prozess- und Produktinnovationen. In einem Staat, dessen Wirtschaftsverfassung relativ offen ist,

48 Wohlfahrt, S. 49.
49 Kulas, Privatisierung hoheitlicher Verwaltung, S. 18f.
50 Arloth, S. 1042f.
51 Lee, Privatisierung als Rechtsproblem S. 51.

hängt die konkrete ordnungspolitische Gestaltung von Wirtschaftslagen, bestehenden politischen Überzeugungen und gesetzlichen Rahmenbedingungen ab.

Die Privatisierungen folgen im Grunde genommen einem ordnungspolitischen Imperativ, weil der Markt die Verhaltensregulierung durch den Wettbewerb bedeutet.[52] Bei der Leistungserbringung durch einen privaten Anbieter sind Innovationen und die damit verbundenen positiven Effekte zu erwarten.[53] Den wettbewerbspolitischen Vorteilen der Privatisierung sei allerdings gegenübergestellt worden, dass der Staat sich durch die Privatisierung seiner Ausgaben jener Möglichkeit beraubt, durch eigene Wirtschaftstätigkeit den Wirtschaftsablauf zu beeinflussen.

2.1.2.2.2.2 Gesellschaftspolitische Sicht

Über die moderne Gesellschaft sagte Karl Popper, dass diese jedem Individuum die größtmögliche Freiheit anbiete. Nach Popper soll der Staat dabei soweit wie möglich minimiert, aber nicht vollständig ausgeblendet werden.[54] Die Gesellschaft sucht immer ein besseres und geeigneteres System für jeden Bereich. Bei vorhandenem politischen Willen können die Verhandlungen mit Interesse aufgenommen werden, um das gesellschaftliche und ökonomische System verändern zu können. Die Privatisierungspolitik und deren Anforderungen werden also nicht nur durch pragmatische Vorteilsüberlegungen, sondern auch durch den theoretischen Ansatz der Vergesellschaftung der Problemlösung, insbesondere der gesellschaftlichen Selbstregulierung gerechtfertigt. Um das Problem zu lösen und gleichzeitig die Qualität zu erhöhen, ist es nötig, ein neues System zu entwickeln oder das bereits Vorhandene zu wechseln.[55] Mit der Übernahme der öffentlich erbrachten Dienstleistungen durch private Anbieter verbessern sich Qualität und Flexibilität der Dienstleistungen. Bei der Privatisierung könnte die demokratische Kontrolle über Quantität, Qualität und Sicherheitsstandards des Strafvollzugs viel besser werden.[56] Mit der Verwirklichung einer privaten Strafvollzugsanstalt ist die

---

52 Lee, Privatisierung als Rechtsproblem S. 56f.

53 Kulas, Privatisierung hoheitlicher Verwaltung, S. 25f.

54 Karl Popper hat erklärt, dass in offenen Gesellschaften im Gegensatz zu ideologisch festgelegten, geschlossenen Gesellschaften, die einen für alle verbindlichen Heilsplan verfolgen, ein intellektueller Meinungsaustausch gestattet ist, der auch kulturelle Veränderungen ermöglicht. (vgl. Popper), Popper, Auf der Suche nach einer besseren Welt, S. 210f.

55 Rinken, S. 18f.

56 Kulas, Privatisierung hoheitlicher Verwaltung, S. 26f.

öffentliche Ablehnung ein Stück zurückgedrängt worden und die Aufmerksamkeit wird allmählich auf die Leistungen der privaten Justizvollzugsanstalten gerichtet.

2.1.2.2.2.3 Sozialpolitische Sicht

Die Krise des sozialstaatlichen Gesellschaftsmodells mag zwar in erster Linie mit den veränderten ökonomischen Bedingungen zu tun haben. Jedoch gerät der Sozialstaat auch in eine politische Legitimationskrise.[57] Zwischen der Kriminal- und der Sozialpolitik hat es seit jeher Wechselwirkungen der besonderen Art gegeben, die zwar historischen Wandlungen unterlagen, insgesamt aber dazu führten, dass sozialpolitische Ansprüche und Zielsetzungen immer mehr in das kriminologische und kriminalpolitische Denken aufgenommen worden sind.[58] Bei der Privatisierung der Strafvollzugsanstalten könnte das staatliche Aufsichtspersonal auch in Privatgefängnissen eingesetzt werden, wenn es überhaupt im öffentlichen Dienst verbleiben soll. Deshalb könnten private Justizvollzugsanstalten eine bessere Betreuung der Gefangenen sicherstellen. Die Gefangenen werden also nicht der staatlichen Gewalt, sondern den privaten Diensten ausgesetzt, die einen angenehmen und professionellen Umgang mit den Gefangenen erlernt haben.

2.1.2.2.3 Rechtliche Grundmotive (Die rechtlichen Aspekte)

Eine detaillierte Analyse aller rechtlichen Privatisierungsdiskussionen sprengt den Rahmen dieses Abschnitts. Die rechtliche Grundlage der Privatisierung wird durch die Verfassung determiniert und sehr intensiv bis jetzt diskutiert. Daher ist dem rechtlichen Grundmotiv der Privatisierung ein eigenständiger Teil der Arbeit der verfassungsrechtlichen Grenze der Privatisierung gewidmet.

2.1.2.3 Zusammenfassung

Die Privatisierung wird aufgrund der oben genannten Gründe seit einiger Zeit diskutiert und gefordert. Sie ist eine Konsequenz unvermeidlicher Wandlungen in der modernen globalen Gesellschaft. Einerseits wird sie vom Prozess der globalen Ökonomisierung bei gleichzeitigem Rückzug des staatlichen Machtanspruchs durch die Ausweitung des privatwirtschaftlichen Wettbewerbs und die finanzielle Situation der öffentlichen Hand bestimmt.[59] Anderseits lässt sich feststellen, dass die Privatisierung eine allgemeine Forderung der Politik und Gesellschaft ist. Die

57 Anhorn, S. 109f.
58 Anhorn, S. 116f.
59 Best, S. 136.

Privatisierungsargumente sind von den politischen Zielsetzungen der Entscheidungsträger abhängig.

Die Privatisierung im Strafvollzug verspricht, zu einem zukunftsfähigen Konzept der Kriminalpolitik bzw. Strafvollzugspolitik zu werden, was wiederum zeigt, dass eine moderne Kriminalpolitik auf dem Vormarsch ist. Die Privatisierungsidee der Strafvollzugsanstalt wird sich nicht nur aus Kosteneinsparungen, sondern auch Verbesserungen in Qualität und Effizienz beim Betrieb der Strafvollzugsanstalt ergeben. Diese Einstellung basiert einerseits auf der Theorie des wirksamen Wettbewerbs und andererseits auf der Möglichkeit, in den gestalteten Privatisierungsverträgen Qualitätsstandards zu setzen.

2.1.3 Formen der Privatisierung

Obwohl in der heutigen Diskussion um die Privatisierung von einer einmalig erfolgenden Maßnahme die Rede ist, handelt es sich dabei um keine punktuell festzumachende Entscheidung, sondern einen prozesshaften Vorgang. Die Gemeinsamkeit der Privatisierungsformen wurde bereits angedeutet. Sie besteht darin, dass die Erfüllung oder Verantwortung für die Aufgaben, die bisher von der öffentlichen Hand wahrgenommen worden sind, im Zuge des Privatisierungsaktes ganz oder teilweise in Richtung des privaten Bereiches überführt wurden.[60] Die wichtigsten Arten der Privatisierung sind die formelle, die materielle und die funktionale Privatisierung. Im Folgenden werden diese drei Unterformen skizziert und voneinander abgrenzt.

2.1.3.1 Materielle Privatisierung (Aufgabenprivatisierung)

Materielle Privatisierung bedeutet, dass der Staat im Hinblick auf ein bestimmtes Tätigkeitsfeld selbst sein Dasein innerhalb des entsprechenden Bereichs aufgibt. Deshalb kann eine möglicherweise entstehende Lücke durch beliebige natürliche oder juristische Personen des privaten Rechts ausgefüllt werden, jedoch ist dies nicht zwingend.[61] Die Aufgabe wird vollständig in den privaten Bereich übertragen, weshalb die materielle Privatisierung auch als Aufgabenprivatisierung bezeichnet wird.[62] Teilweise wird sie als echte oder wesentliche Privatisierung charakterisiert. Die materielle oder auch Aufgabenprivatisierung führt zu einer

60 Weisel, S. 47.

61 Mackeben, S. 18f.

62 Di Fabio, S. 588.

echten Verringerung der staatlichen Aufgaben.[63] Im Kern geht es bei der materiellen Privatisierung im engeren Sinne darum, welche Aufgaben dem Staat im Sinne eines zustehenden Gewalt- und Wahrnehmungsmonopols zugeordnet worden sind, so dass er sie als öffentliche Aufgaben im Allgemeininteresse und mit eigenem Personal zu erfüllen hat.[64] Der Strafvollzug ist dem Wesen nach staatliche und hoheitliche Aufgabe, die nicht auf private Betreiber übertragen werden darf. Eine materielle Privatisierung des Strafvollzugs ist daher aufgrund des Grundgesetzes in Deutschland unzulässig.

2.1.3.2 Formelle Privatisierung (Organisationsprivatisierung)

Als formelle Privatisierung wird die Übertragung der Wahrnehmung einer staatlichen Aufgabe auf einen privatrechtlich organisierten Träger verstanden, der sich jedoch im Eigentum des Staats befindet. Es handelt sich bei der formellen Privatisierung also um eine Übertragung staatlicher Tätigkeiten auf ein Privatrechtssubjekt.[65] Dabei kann es sich z. B. um eine Gesellschaft handeln, deren Anteile in den Händen des Staats liegen oder durch diesen übernommen werden. Da die privatrechtliche Organisation nach dem Privatrecht durchgeführt werden muss, wird die formelle Privatisierung auch als eine Organisationsprivatisierung bezeichnet. Auf der Kommunalebene handelt es sich bei der sogenannten Organisationsprivatisierung vor allem um die Umwandlung kommunaler Versorgungsunternehmen des Privatrechts. Typischer Anwendungsbereich der formellen Privatisierung ist die Leistungsverwaltung sowie Versorgung mit Wasser, Gas und Elektrizität.[66] Für den Strafvollzug hat die formelle Privatisierung keine Bedeutung in Deutschland.

2.1.3.3 Funktionale Privatisierung

Bei der funktionalen Privatisierung behält der Träger der öffentlichen Verwaltung die Zuständigkeit und damit die Verantwortung für die jeweilige öffentliche Aufgabe.[67] Hinter dem Begriff verbirgt sich die Übertragung einzelner Aufgaben der öffentlichen Verwaltung oder öffentlicher Betriebe auf private Unternehmen. Teilweise gehört die Verfahrensprivatisierung auch zur funktionalen Privatisierung. Bei der Verfahrensprivatisierung geht es darum, das Verfahrensmanagement

63 Mayen, S. 111.
64 Bonk, S. 437.
65 Mackeben, S. 26ff.
66 Bonk, S. 436.
67 Weisel, S. 49.

staatlicher Entscheidungen letztendlich auf private Unternehmen vorzubereiten, zu begleiten oder durchführen zu lassen, etwa durch die Bezahlung bei Ausschreibungen oder der Hinzuziehung eines privaten Gutachters. Es handelt sich dabei insbesondere um Kontroll- und Überwachungsaufgaben im Rahmen der öffentlich-rechtlich regulierten Tätigkeiten, die durch die privaten Anbieter erfüllt werden.[68]

Bei einer funktionalen Privatisierung bzw. der Verfahrensprivatisierung kann es sich auch um eine sogenannte Teilprivatisierung handeln. Die Gründung einer „Private Public Partnership“[69] stellt ein Beispiel für eine Teilprivatisierung dar. Dies ist dann der Fall, wenn der Staat nur einen Teil seiner Aufgabe in den privaten Sektor verlagert.[70] Die Funktionalprivatisierung, als die die Privatisierung des Strafvollzugs bezeichnet werden kann, betrifft den Fall, dass die Verwaltung private Rechtssubjekte bei der Erfüllung öffentlicher Aufgaben heranzieht, sich ihrer Hilfe für bestimmte Tätigkeiten bedient und durch diese Privatpersonen die Teilbereiche ihrer Aufgaben selbstständig und regelmäßig unter staatlicher Gesamtverantwortung und Kontrolle erfüllen lässt. Falls eine Verwaltungs- bzw. Vollzugshilfe durch private Rechtssubjekte für die Dienstleistungen zulässig ist, nimmt der Staat Einfluss auf Art und Inhalt ihrer Tätigkeit durch Aufsicht, Kontrolle und Anweisung.[71]

2.1.3.4 Vermögensprivatisierung

Als weitere Formen der Privatisierung sind die Finanzierungs- und die Vermögensprivatisierung anzusprechen. Bei der Vermögensprivatisierung handelt es sich um die Übertragung des staatlichen oder kommunalen Eigentums auf private Rechtssubjekte.[72] „Aus staats- und verwaltungsrechtlicher Sicht sind Fälle der Vermögensprivatisierung meist nur bei besonders umfangreichen [...] Veräußerungsvorgängen und als Begleitsphänomene zu anderen Privatisierungstypen von

---

68 Ehlers, S. 52.

69 Private Public Partnership „verfolgt das Ziel, durch eine langfristig angelegte Zusammenarbeit zwischen Öffentlicher Hand und privater Wirtschaft öffentliche Infrastrukturprojekte effizienter zu realisieren.“ Sie sind Teil der Innovationsoffensive der Bundesregierung und stehen für effizientes Verwaltungshandeln. (Erfahrungsbericht – Öffentlich-Private-Partnerschaften in Deutschland, S. 3)

70 Helm behauptet, dass man Teilprivatisierung als materielle Privatisierung denken könnte. (vgl. Helm, S. 31f.)

71 Bonk, S. 438.

72 Bonk, S. 436.

Interesse"[73]. Bei der Finanzierungsprivatisierung werden die öffentlichen Investitionen oder andere Projekte privatwirtschaftlich finanziert.[74]

2.1.4 Anwendbarkeit der Privatisierungserscheinungen in den Justizvollzugsanstalten

Zusammenfassend gibt es drei wesentliche Erscheinungsformen und Realisierungsmodelle der Privatisierung. Bei allen Formen kann der Staat von seinen verschiedenen Aufgaben entlastet werden. Kritisch ist zu beurteilen, dass im Vergleich zur vollen Aufgabenprivatisierung die formale oder funktionale Privatisierung nur Teilschritte darstellen.[75]

Die Aufgaben des Strafvollzugs können materiell oder funktional privatisiert werden. Bei der Privatisierung der Strafvollzugsanstalten ist die Wahl der geeigneten Privatisierungsform nicht entscheidend. Kernfrage ist vielmehr, ob und inwieweit eine Voll- oder Teilprivatisierung des Strafvollzugs rechtlich zulässig ist, weil der Strafvollzug eine hoheitsrechtliche Aufgabe ist. Aus diesem Grund sollen die Grenzen der Privatisierung in diesem Bereich im Folgenden behandelt werden. Jede Gesellschaft ist durch ihre Kultur und Mentalität sowie die politische und wirtschaftliche Situation des Gemeinwesens geprägt. Die Entscheidung der Erscheinungsformen der Privatisierung sollte abhängig vom Gesetz, der Kultur, der Meinung der Bürger und der Situation des Strafvollzugs der jeweiligen Länder oder Staaten getroffen werden. Dies bedeutet, dass die Entscheidung für die angemessene Form der Privatisierung in jedem Gemeinwesen individuell zu treffen ist.

2.2 Verfassungsrechtliche Grenzen für die Privatisierung

Sieht man sich mit den Gefahren der Privatisierung konfrontiert, so kommt dem Staat die Rolle als Garant der Menschenwürde und fundamentaler verfassungsrechtlicher Prinzipien, wie z. B. der Rechts- und Sozialstaatlichkeit, zu.[76] Deshalb sollen nun die verfassungsrechtlichen Grenzen der Privatisierung untersucht

73 Kämmerer, Privatisierung, S. 39.
74 Ehlers, S. 51; Mackeben, S. 30.
75 Di Fabio, S. 592.
76 Weber, S. 72f.

werden. Zu Beginn der neuerlichen Privatisierungswelle herrschte hinsichtlich der rechtlichen Rahmenbedingungen eine große Unsicherheit. Der verfassungsrechtlich gesetzte Rahmen, der weder der Regierung noch dem einfachen Gesetzgeber zur Disposition steht, ist vor allem von Bedeutung.[77] Die verfassungsrechtlichen Grundsätze, wie unter anderem das Rechtsstaats- und Demokratieprinzip sowie die Grundrechte als solche, setzen der Privatisierung Grenzen. Zumeist spielt sich die Privatisierung auf der Ebene der einfachen Gesetzgebung ab, doch auch hier hat sie sich mit der Verfassung zu arrangieren, deren Bestimmungen in Form von Direktiven die Privatisierung beeinflussen. Allerdings sind im Rahmen der ausführlichen Privatisierungsdiskussionen über die Entstaatlichung der Aufgaben der Leistungsverwaltung mögliche Grenzen aufgezeigt und diskutiert worden. Auch diese Argumente sollen für die vorliegende Arbeit herangezogen und untersucht werden. Im Folgenden werden die durch das Rechtsstaats-, das Sozialstaats-, und das Demokratieprinzip vorgegebenen Grenzen der Privatisierung dargestellt.

2.2.1 Rechtsstaatsprinzip

Das Ziel eines Verfassungsstaats ist es, die Staatsmacht durch Recht und Gesetz zu begrenzen und zu kontrollieren. Die Rechte, die der Staat bewahren soll, stellen unter der Geltung des Grundgesetzes nicht einen undefinierten oder gar undefinierbaren Freiheitsbereich seiner Bürger dar, sondern sind einer rechtlichen Einfassung zugänglich.[78]

2.2.1.1 Klassische Konstruktion des Rechtsstaats

Man kann anhand des BVerfG erkennen, dass das im Grundgesetz formulierte Rechtsstaatsprinzip als zusammenfassende strukturelle Festlegung zu verstehen ist und materielle und formelle Komponenten beinhaltet.[79] Der Rechtsstaat ist durch die Allgemeinheit des Gesetzes gekennzeichnet, das wiederum notwendig mit der Trennung von legislativen und exekutiven Aufgaben und der Kontrolle der Letzteren durch die Jurisdiktion verbunden ist. Der Rechtsstaat im materiellen Sinne gewährleistet, dass die Bürger vor ungerechter Machtausübung der öffentlichen

77 Völmicke, S. 59f.; Püttner, S. 257.

78 Mackeben, S. 129.

79 Reuter, S. 139ff.

Gewalt geschützt werden.[80] Ungeachtet des Schutzes vor Staatsgewalten kann es zur Durchbrechung in Form von Gewaltenüberschneidungen in Randbereichen kommen, etwa durch die Übertragung der Rechtssetzungsbefugnisse.[81]

2.2.1.2 Rechtsstaatsprinzip und Privatisierung

Das Rechtsstaatsprinzip aus Art. 20 und Art. 28. Abs. 1 GG fordert, dass die Ausübung hoheitlicher Befugnisse frei von individuellen Interessen erfolgt. Zur Wahrung der Rechtsstaatlichkeit muss die öffentliche Hand also nach der Privatisierung dafür Sorge tragen, dass der Gesetzesvollzug uneigennützig, unparteiisch und sachlich erfolgt.[82]

Das BVerfG legt es nicht in die Hand der Vollzugsverwaltung, durch die Verwaltungsvorschriften die Rechtsstellung der Gefangenen zu regeln.[83] Die Ausübung übertragener Gewaltbefugnisse durch private Unternehmen in den privaten Strafvollzugsanstalten ist schon nach geltendem Recht in notwendiger Weise beschränkt worden, so dass die Privatisierung einzelner Strafvollzugsanstalten keine verfassungswidrige Durchbrechung darstellt.[84]

Die Staatsgewalt geht vom Volk aus. Parallel dazu müssen alle das Volk konstituierenden Individuen vor willkürlicher Ausübung staatlicher Gewalt geschützt werden. Die Gefangenen haben somit entsprechende Schutzrechte. Aber der moderne Staat hat nicht die Fähigkeit, alle Bereiche optimal zu regeln. Deshalb kann das Ziel der Privatisierung staatlicher Aufgaben darin bestehen, die Verwaltung in diesen Bereichen zu verbessern. Bis jetzt wurden verschiedene Staatsaufgaben schon privatisiert. Beispielhaft seien die Sektoren Telekommunikation, Bahn und Post angeführt.

Das Rechtsstaatsprinzip wird nicht durch die Privatisierung einzelner Strafvollzugsanstalten verletzt. Es muss daher möglich sein, für die Zulässigkeit der Privatisierung von Strafvollzugsanstalten eine gesetzliche Grundlage zu schaffen. Ein Beispiel gibt es in Südkorea mit dem Gesetz über private Strafvollzugsanstalten (siehe Kapitel „Die Einführung der christlich-privaten Justizvollzugsanstalt in Südkorea“ am Ende der Arbeit).

---

80 Won-Woo Lee, a.a.O., S. 71ff.

81 Dreier/Wittreck, S. 161f.

82 Völmicke, S. 65ff.

83 Calliess/Müller-Dietz, 2008, S. 59f.

84 Kulas, Privatisierung hoheitlicher Verwaltung, 75ff.

2.2.2 Sozialstaatsprinzip

2.2.2.1 Definition der Sozialstaatsprinzip

Der Staat hat aufgrund des Sozialstaatsprinzips (Art. 20 Abs. 1 GG) für die Notwendigkeiten seiner Bürger zu sorgen, also auch ihnen ein Mindestmaß an Leistungen zu gewähren.[85] Aus diesem Prinzip sollte der Staat die Lebensbedingungen der Bevölkerung prinzipiell in allen Bereichen unter den Gesichtspunkten sozialer Gerechtigkeit und des Gemeinwohls gestalten.[86] Darüber hinaus ist es jedoch nicht ableitbar, welchen Rechtsstatus die im Strafvollzug tätigen Personen haben müssen. Dieses Sozialstaatsprinzip soll auch für die Gefangenen in Bezug auf die Resozialisierung der Strafgefangenen gelten. Der Staat hat den Gefangenen eine angemessene Hilfe anzubieten. Anderseits kann ein so verstandener Strafvollzug nicht nur die Ansprüche der Gefangenen begründen, sondern unter Umständen auch grundrechtsbeschränkende Maßnahmen rechtfertigen, um die inneren Voraussetzungen für eine spätere straffreie Lebensführung der Gefangenen zu fördern.[87] Vor allem kommt diesem Prinzip die Aufgabe zu, für eine gleichmäßige Lastenverteilung zu sorgen und das Existenzminimum für ein menschenwürdiges Dasein zu sichern.[88] Aus der Menschenwürde der Strafgefangenen nach Art. 1 GG und dem allgemeinen Persönlichkeitsrecht entstammt vor allem das den gesamten Strafvollzug überlagernde und prägende Resozialisierungsgebot.[89]

2.2.2.2 Sozialstaatsprinzip und Privatisierung

Das Sozialstaatsprinzip berechtigt und verpflichtet den Staat, das jeweils Notwendige zu tun. Doch was ist in diesem Sinne „notwendig"? Der Sozialstaat gewährt „individuelle und institutionelle Garantien" hinsichtlich seiner sozialen Schutzfunktion gegenüber den Bürgern nur in dem Ausmaß, wie es die Sicherung des sozialen Mindeststandards erfordert.[90] Für die Privatisierung ist das sozialstaatliche Ziel bedeutsam, für öffentliche Wohlfahrt zu sorgen. Die Privatisierungsmaßnahmen müssen getroffen werden, um neue Anforderungen erfüllen zu können, aber soziale Grundrechte müssen weiterhin gewährleistet

---

85 Bonk, S. 440f.
86 Vgl. Arnim, S. 28; Kämmerer, Privatisierung, S. 180.
87 Calliess/Müller-Dietz, 2008, S. 62f.
88 Völmicke, S. 67ff.
89 BverfGE 33, 1, 7f.
90 Völmicke, S. 69.

werden, damit die Sozialstaatlichkeit aufrecht erhalten bleibt.[91] „Nur in Ausnahmefällen vermag das Sozialstaatsprinzip daher auf Privatisierungen steuernd einzuwirken, wobei die Betrachtung der Einzelfälle höchst divergente Ergebnisse zeitigen kann. Ebenso wenig wie behauptet werden kann, dass Privatisierung generell zur Verschlechterung sozialer Leistung führe“[92]. Aus dem Sozialstaatsprinzip ergibt sich für die Privatisierung der Strafvollzugsanstalten lediglich, dass eine ausreichende Kapazität zur Aufrechterhaltung eines funktionierenden Strafvollzugs vorzuhalten ist.[93]

Im Rahmen einer funktionalen Privatisierung ist allerdings kein einleuchtender Grund ersichtlich, warum sozialstaatliche Erwägungen gegen die Einschaltung privater Unternehmen bestehen sollten. Aufgrund des Sozialstaatsprinzips ist der Staat zwar zu sozialer Aktivität verpflichtet. Für die Erreichung dieses Ziels stehen aber alle Wege offen, so dass grundsätzlich auch die Mithilfe privater Unternehmen in Anspruch genommen werden kann.

2.2.3 Demokratieprinzip

2.2.3.1 Definition des Demokratieprinzips

Die Demokratie ist nicht nur eine juristische Kategorie, sondern auch ein politisches Ideal und ein Staatsziel bzw. ein Verfassungsprinzip. Das Grundgesetz bezieht sich demgegenüber auf die Demokratie als Regierungsform.[94] Das Demokratieprinzip kann je nach ideologischer Position unterschiedlich verstanden werden. Der Typuskern dieses Prinzips liegt im Gedanken der Volkssouveränität. Die Staatsgewalt geht vom Volk aus (Art. 20 Abs. 2 Satz 1 GG), was bedeutet, dass sowohl die Wahrnehmung sämtlicher Staatsfunktionen als auch der vollziehenden Funktion in der Hand des Volkes liegt und die staatliche Aufgabe auf eine vom Volk abgeleitete Legitimation verweisen soll.[95]

Das Demokratieprinzip verlangt für die Ausübung der Staatsgewalt eine demokratieadäquate Verwaltungssteuerung. Es fordert deshalb die Zusammenführung der Entscheidungsstrukturen der Verwaltung auf die Regierung hin, um das erforderliche Zusammenspiel der Verantwortung und Kontrolle sicherzustellen.

---

91 Lee, Privatisierung als Rechtsproblem, S. 70ff.

92 Kämmerer, S. 180.

93 Kulas, Privatisierung hoheitlicher Verwaltung, S. 92f.

94 Reuter, S. 108f.

95 Völmicke, S. 70ff.

Es kompensiert die nur schwach konturierten Organisationsvorbehalte des Grundgesetzes.[96]

2.2.3.2 Demokratieprinzip und Privatisierung

Nach dem Demokratieprinzip bedarf jede Ausübung der öffentlichen Gewalt einer demokratischen Legitimation. Die Legitimation kann privatisierungseinschränkend, aber auch privatisierungsbegünstigend wirken. Die Beachtung des Legitimationsgebotes ist vorher durch eine demokratische Kontrolle zu sichern. Wenn die Aufgabendurchführung durch private Unternehmen demokratisch kontrolliert wird, kann die Privatisierung dadurch legitimiert werden.[97] Dem Menschen ist die Herrschaftsmacht über andere Menschen nur dann einzuräumen, wenn die Ausübung dieser Machtbefugnisse letztendlich unter Kontrolle des Parlaments stehen und dadurch die rechtsstaatliche Qualität dieser Ausübung sichergestellt werden kann.[98] Es ist festzustellen, dass das Demokratieprinzip der Privatisierung der Strafvollzugsanstalten nicht grundsätzlich entgegensteht. Für den Strafvollzug trägt das zuständige staatliche Dienstpersonal die rechtliche und politische Verantwortung bei der Erfüllung obliegender Vollzugsaufgaben.[99] Das Demokratieprinzip ist keine verfassungsrechtliche Sperre für dienstleistende Tätigkeiten privater Dritten im Strafvollzug.

2.2.4 Art. 33 Abs. 4 GG als Grenze der Privatisierung

Art. 33 Abs. 4 GG enthält Vorbehalte zugunsten der staatlichen Funktionen von Judikative und Exekutive. Funktion und Aufgabe sind jedoch zu trennen, so dass ein direkter Zusammenhang dieser Funktionsvorbehalte mit dem notwendigen staatlichen Aufgabenbestand nicht bestehen kann.[100] Für die Zulässigkeit der Privatisierung kann es auch entscheidend sein, wann, wo und von wem eine bestimmte Entscheidung getroffen wird. Einerseits ist es umstritten, welche Bereiche des staatlichen Handelns die Ausübung hoheitsrechtlicher Befugnisse i. S. d. Art. 33 Abs. 4 GG erfordern und daher überhaupt in den Regelungsbereich dieser Vorschrift fallen.[101]

---

96 Gramm, S. 352ff.
97 Lee, Privatisierung als Rechtsproblem, S. 77ff.
98 Völmicke, S. 71.
99 Bonk, S. 440.
100 Mackeben, S. 181.
101 Kulas, Privatisierung hoheitlicher Verwaltung, S. 66.

Art. 33 Abs. 4 GG ist als unmittelbar geltender Verfassungsbefehl an alle juristischen Personen des öffentlichen Rechts mit der Dienstherrenfähigkeit im Sinne einer Übertragung hoheitsrechtlicher Befugnisse auf die Bediensteten in einem öffentlich-rechtlichen Beschäftigungsverhältnis zu übertragen.[102]

Zur sachlichen Reichweite von Art. 33 Abs. 4 GG ist festgestellt worden, dass die Wahrnehmung bestimmter Befugnisse einer funktionalen abgegrenzten Beschäftigung zugewiesen wird.[103] Im Folgenden soll Art. 33 Abs. 4 GG als Privatisierungsgrenze in den Staatsaufgaben dargestellt werden, wobei untersucht werden soll, ob die Möglichkeit einer Privatisierung von Strafvollzugsanstalten besteht.

2.2.4.1 Funktionsvorbehalt der hoheitsrechtlichen Befugnisse

Nach Art. 33 Abs. 4 GG ist die Ausübung hoheitsrechtlicher Befugnisse als ständige Aufgabe in der Regel auf Angehörige des öffentlichen Diensts zu übertragen, weil sie in einem öffentlich-rechtlichen Dienst- und Treueverhältnis zum Staat stehen. Der Sinn von Art. 33 Abs. 4 GG wird darin gesehen, dass durch das Dienst- und Treueverhältnis die demokratische Verantwortlichkeit, die Treue- und Gehorsamspflicht und die Neutralität gesichert werden. Über die Reichweite dieses Funktionsvorbehalts hinaus wird die rechtsstaatliche Ausrichtung des Beamtentums als institutionelle Absicherung des Grundsatzes der Gesetzmäßigkeit der Verwaltung dort relevant, wo das staatliche Handeln den Rechtskreis der Bürger in erheblicher Weise berührt.[104]

Eine Auffassung hält allerdings den Kernaufgabenansatz im Rahmen von Art. 33 Abs. 4 GG für zu eng und gelangt auf der Grundlage einer dynamischen Interpretation zu einem weiteren Aufgabenverständnis.[105] Diese Interpretation entspricht allein dem Zweck des verfassungsrechtlichen Funktionsvorbehalts, weil unstreitig Art. 33 Abs. 4 GG im Interesse einer möglichst zuverlässigen und von Individualinteressen freien Erledigung die besonders wichtigen Aufgaben den Beamten vorbehalten möchte.[106] Die Bedeutung einer Aufgabe hängt vielmehr von jenen Folgen ab, die für den einzelnen Bürger oder die Wirksamkeit des staatlichen Gemeinwesens mit ihrer Erledigung verbunden sind. Vom Funktionsvorbehalt

---

102 Christof Gramm a.a.O., S. 61.

103 Haug, S. 816f.

104 Roth, Privatisierungsmöglichkeiten im geschlossenen Strafvollzug, S. 31f.

105 Das Aufgabenverständnis wird methodisch im Wesentlichen negativ durch die Ausgrenzung bestimmter Verwaltungsbereiche festgelegt. (vgl. Gramm, S. 367f.)

106 Bracher, S. 139f.

sind zuerst notwendige Staatsaufgaben im Sinne der notwendigen und mit der Staatlichkeit verbundenen Aufgaben erfasst worden, deren Erfüllung unerlässlich für die Funktionsfähigkeit des Staats als grundgesetzliches Schutzgut ist.[107]

Die Beantwortung der Frage, ob und inwieweit die Aufgaben des Strafvollzugs als hoheitsrechtliche Befugnisse i. S. d. Art. 33 Abs. 4 GG einzuordnen sind, bedarf es zuerst einer allgemeinen Auslegung des Begriffs „hoheitsrechtliche Befugnisse".

2.2.4.1.1 Hoheitsrechtliche Befugnisse

Der Begriff „Befugnisse" scheint zwar eine rechtsformorientierte Auslegung nahe zu legen. Dagegen spricht jedoch die weite Bedeutung. Als ständige Aufgabe dürfen solche Befugnisse in der Regel nur auf die Angehörigen des öffentlichen Diensts übertragen werden.[108]

Das Verständnis der hoheitsrechtlichen Befugnisse i. S. d. Art. 33 Abs. 4 GG ist nicht ganz einhellig. Der Ausgangspunkt ist der Konsens, dass es sich dazu maßgeblich um die Befugnisse der Exekutive handeln solle.[109] Es ist jedoch umstritten, welche Bereiche des staatlichen Handels die Ausübung hoheitsrechtlicher Befugnisse i. S. d. Art. 33 Abs. 4 GG erfordern und daher überhaupt in den Regelungsbereich dieser Vorschrift fallen.[110]

Zur Bedingung des Begriffes „hoheitsrechtlich" werden zwei gegensätzliche Meinungen vertreten:

1. Eine Verfassung stellt die besondere staatliche Qualität in den Vordergrund der betreffenden Befugnis. Es muss sich bei den hoheitsrechtlichen Befugnissen i. S. d. Art. 33 Abs. 4 GG um solche Befugnisse handeln.[111]
2. Die Gegenmeinung besagt, dass mit dem Begriff alles gemeint sein könnte, was der Staat als hoheitsrechtliche Organisation selbst wahrnimmt, egal, ob er im Einzellfall auch seine Staatskernfunktion zum Ausdruck kommen lässt oder nicht. Dadurch könnten die hoheitsrechtlichen Aufgaben Gegenstand einer Privatisierung sein. Im Ergebnis sind unter dem Begriff „hoheitsrechtliche Aufgaben" jene staatlichen Tätigkeiten zu verstehen, die einen Grundrechtseingriff beinhalten oder zur Verwirklichung grundrechtswesentlicher Leistungen notwendig sind.[112]

---

107 Jachmann, S. 1017f.

108 Bracher, S. 140.

109 Gusy, S. 655.

110 Kulas, Privatisierung hoheitlicher Verwaltung, S. 66.

111 Mackeben, S. 188f.

112 Gusy/Lührmann, S. 49f.

Noch ein Verständnis engt den eigentlichen Bedeutungsgehalt des Begriffes „hoheitsrechtliche Befugnisse" noch weiter ein, indem, zwar nicht ausschließlich, aber zuerst an die Eingriffsverwaltung gedacht wird.[113]

2.2.4.1.2 Anwendungsbereich der hoheitsrechtlichen Befugnisse

Die Anwendbarkeit des Funktionsvorbehalts ist an die Ausübung hoheitsrechtlicher Befugnisse geknüpft. Einerseits werden diese auf den Bereich der Eingriffsverwaltung begrenzt, andererseits wird eine Begrenzung auf den Bereich notwendiger Staatsaufgaben vertreten.[114] Unter der Ausübung hoheitsrechtlicher Befugnisse ist jedes Handeln mit Grundrechtsrelevanz zu verstehen und deswegen ist die Anwendbarkeit des Funktionsvorbehalts an der Grundrechtsrelevanz zu orientieren. Jedenfalls wird die Gewährung grundrechtswesentlicher Leistungen[115] unumstritten als Ausübung hoheitsrechtlicher Befugnisse eingeordnet.[116] So hat es sich durchgesetzt, von den hoheitsrechtlichen Kernbereichen wie Justiz, Polizei, Bundeswehr, Zoll auch den Strafvollzug zur Sprache zu bringen.

Es kommt unter dem Blickwinkel des Art. 33 Abs. 4 GG nicht auf ein Verständnis bestimmter Aufgabenfelder, sondern in funktioneller Betrachtungsweise darauf an, wo notwendigerweise nach dem Willen des Gesetzes oder aus der Natur der Sache heraus Hoheitsbefugnisse ausgeübt werden. Als Kernfunktionen des Staats, denen zugleich erhebliche Grundrechtsrelevanz zukommt, unterliegen die Gefahrenabwehr, die Zwangsvollstreckung, der Strafvollzug und die Abgabenerhebung einem Funktionsvorbehalt. Innerhalb eines dem Funktionsvorbehalt zugehörigen Aufgabenkreises sind diejenigen Bediensteten vom Art. 33 Abs. 4 GG erfasst, die einen bestimmenden Einfluss auf die Art der staatlichen Aufgabenerfüllung nehmen.[117] So ist in den sogenannten Kernbereich des Staats eine Aufgabenprivatisierung möglich, wenn es sich um sachlich abgrenzbare Teilbereiche ohne kennzeichnende Ausübung der Hoheitsbefugnisse handelt.[118]

---

113 Di Fabio, S. 591.

114 Weisel, S. 105f.

115 Z. B. sind sowohl Lehrer an öffentlichen Schulen als auch Hochschullehrer schon im Hinblick auf die elementare Bedeutung der schulischen Erziehung der Kinder bzw. der Qualität der universitäten Forschung und Lehre für das staatliche Gemeinwesen, jedenfalls aber Wegegesetz der erheblichen Grundrechtsrelevanz ihrer Tätigkeit zu verbeamten.

116 Jachmann, 1018f.

117 Jachmann, 1019f.

118 Di Fabio, S. 591.

2.2.4.1.3 *Ausnahmetatbestände der hoheitsrechtlichen Befugnisse*

Der Funktionsvorbehalt gilt nur für die ständige Ausübung hoheitsrechtlicher Befugnisse. Somit findet er ausschließlich bei der Wahrnehmung ständiger Aufgaben Anwendung. Die Wahrnehmung hoheitsrechtlicher Befugnisse ist also dann vorbehalten, wenn es sich um eine ständige Aufgabe handelt. Art. 33 Abs. 4 GG verlangt bei den nichtständigen Aufgaben keine Übertragung auf die Beamten, weil die Verwaltung nicht über Gebühr reglementiert soll.[119] Es sind zwei Formen ständiger Aufgaben zu unterscheiden. Man kann die Ständigkeit sowohl auf den Amtswalter als auch auf die Aufgabe selbst beziehen. In Bezug auf den Amtswalter ist eine Aufgabe dann nicht ständig, wenn sie auf den Amtswalter nur vorübergehend in einer besonderen Situation übertragen wird.[120] Aus dem Bereich können zu einem gewissen Teil hoheitliche Aufgaben an private Unternehmen übertragen werden. Es sollte klar sein, welche Bereiche hoheitsrechtlicher Aufgaben nicht ständig sind und inwieweit diese privatisiert werden könnten. Nach dem Wortlaut des Art. 33 Abs. 4 GG ist die Ausübung hoheitsrechtlicher Befugnisse ausschließlich immer eine ständige Aufgabe. Vielmehr ist auf den Schwerpunkt der hoheitlichen Aufgabenerfüllung abzustellen und dann wiederum nach der Grundrechtsrelevanz zu fragen.[121]

Die Übertragung hoheitsrechtlicher Befugnisse beruht stets auf einer besonderen gesetzlichen Regelung, die zugleich die jeweilige Aufgabe als besondere Aufgabe heraushebt. Die Maßgeblichkeit des Gesamtbildes der Tätigkeit i. S. d. Art. 33 Abs. 4 GG wird heute nicht nur als Vorbehaltsbereich zugunsten des Berufsbeamtentums betrachtet, sondern auch als Strukturvorgabe gegen einen zu weit gehenden Rückzug des Staats aus seiner Verantwortung hinsichtlich seiner eigenen Aufgabenwahrnehmung.[122] Es ist offenbar wenig ergiebig, lediglich auf die Frage nach dem Wesen hoheitsrechtlicher Befugnisse zu bestehen. Art. 33 Abs. 4 GG soll keinen Zwang zur Verbeamtung der Funktionen schaffen, die zwar mit den hoheitsrechtlichen Befugnissen ausgestattet worden sind, bei denen aber nach dem Gesamtbild ihrer Tätigkeit die Ausübung solcher Befugnisse nur eine untergeordnete Rolle spielt.[123] Die Ausübung öffentlicher Gewalt in diesem Sinn liegt dann vor, wenn Rechte und Pflichten des Bürgers einseitig festgelegt und ihre

119 Strauß, S. 206f.; Mackeben, S. 206f.

120 Ob eine Aufgabe als eine ständige oder nur eine vorübergehend ist, hängt maßgeblich davon ab, wie man definiert. (Bracher, S. 68ff.)

121 Roth, Privatisierungsmöglichkeiten im geschlossenen Strafvollzug, S. 37.

122 Di Fabio, S. 591.

123 Gusy, S. 656.

Beachtung unter Einsatz des Gewaltmonopols einseitig durchgesetzt werden.[124] Daraus wird vielfach der Schluss gezogen, hier eine Abwägung nach dem in Art. 33 Abs. 4 GG angelegten Regel-Ausnahme-Prinzip vorzunehmen. Nachstehend soll die Zulässigkeit der Ausnahmen untersucht werden.

2.2.4.2 Verbindlichkeit des Art. 33. Abs. 4 GG

Im Rahmen der Betrachtung, welche Bedeutung Art. 33 Abs. 4 GG heute noch zukommt, stellt sich die Frage, ob es sich bei der Vorschrift um einen verbindlichen Verfassungsauftrag handelt oder nicht.[125] Für die Verbindlichkeit des Art. 33 Abs. 4 GG spricht der klare Wortlaut der Vorschrift, die im Grundgesetz allgemein absehbare Tendenz, staatliche Aufgaben Beamten vorzubehalten und durchführen zu lassen. Die Mehrheitsmeinung sieht in Art. 33 Abs. 4 GG einen verbindlichen Verfassungsauftrag. Art. 33 Abs. 4 GG betrifft nämlich die Frage, in welchen staatlichen Aufgabenbereichen der Einsatz der Beamten durch private Unternehmen geboten worden ist.[126] Ob bei der Ausarbeitung von Art. 33 Abs. 4 GG überhaupt an eine Verwaltung durch private Unternehmen gedacht worden war, ist für die Auslegung der Vorschrift ohne Bedeutung.[127] Die Wirkung des Funktionsvorbehalts besteht jedoch nicht in einem absoluten Privatisierungsverbot aufgrund der Einschränkung durch den Regelcharakter. Es können durchaus hoheitsrechtliche Befugnisse auf private Unternehmen übertragen werden.[128] Jedenfalls soll dies auf die Ausnahme beschränkt worden sein.

2.2.4.3 Beamtenvorbehalt im Strafvollzug

Der allgemeine Strafvollzug umfasst ungeachtet der Wandlung seines Leitbildes vom Vergeltungs- und Präventionsdenken zum Resozialisierungsgedanken nach wie vor eine große Anzahl an Eingriffen in die Grundrechte der Gefangenen. Dies betrifft ausdrücklich Sicherheits-, Aufsichts- und Sanktionsbefugnisse, die beim Strafvollzug nach wie vor eine wesentliche Rolle spielen.[129]

---

124 Di Fabio, S. 592.
125 Strauß, S. 57ff.
126 Gramm, S. 363ff.
127 Bracher, S. 65ff.; Strauß, S. 69f.
128 Haug, S. 819f.
129 Gusy, S. 656f.

2.2.4.3.1 Hoheitsrechtliche Befugnisse im Strafvollzug

Der Strafvollzug besteht in seinen tatsächlichen Auswirkungen auf die Gefangenen in erster Linie aus der Anwendung hoheitsrechtlicher Befugnisse. Damit ist Art. 33 Abs. 4 GG einschlägig, wonach die Ausübung hoheitsrechtlicher Befugnisse als ständige Aufgabe in der Regel Angehörigen des öffentlichen Diensts zu übertragen ist.[130] § 155 Abs. 1 StVollzG stellt klar, dass die Vollzugsaufgaben in der Regel von Vollzugsbeamten wahrgenommen werden sollen. Daraus folgt einerseits, dass diese Aufgaben grundsätzlich von den Beamten wahrgenommen werden, und andererseits, dass es Beamte sein müssen, die für den Strafvollzug zuständig sind.[131]

Der Vollzug der Freiheitsstrafe ist eine hoheitsrechtliche Aufgabe. Diese ist unmittelbar oder mittelbar nachhaltig durch den Einsatz des staatlichen Gewaltmonopols bestimmt und fällt deshalb unter den Staatsvorbehalt nach Art. 33 Abs. 4 GG.[132] Im Bereich des Strafvollzugs sind notwendige Freiheitsbeschränkungen aufgrund ihrer hohen Eingriffsintensität als eindeutig hoheitsrechtliche Aufgaben zu qualifizieren.[133] Benötigt die Strafvollzugsanstalt selbst für ihren effektiven Betrieb die Staatsgewalt im materiellen Sinne, also auch hoheitsrechtliche Befugnisse i. S. d. Art. 33 Abs. 4 GG, so verringert sich der Spielraum für eine private Beteiligung beim Betrieb von Strafvollzugsanstalten ganz maßgeblich. Der Betrieb einer Strafvollzugsanstalt ist entscheidend von diesen hoheitsrechtlichen Befugnissen geprägt.[134]

2.2.4.3.2 Behandlungsvollzug als hoheitsrechtliche Befugnis

Die Gefangenen sollen befähigt werden, sich mit ihrem Leben in Freiheit innerhalb der Gesellschaft zurechtzufinden. Dies erfordert eine intensive Behandlung und Betreuung. Die Resozialisierung durch die Behandlung soll zugleich zum Schutz vor neuen Straftaten beitragen, was auch erreicht werden kann.[135] Das Resozialisierungsgebot bestimmt den gesamten Strafvollzug und ist und bleibt somit für die mit dem Strafvollzug in Berührung kommende staatliche Gewalt verbindlich.

Nach § 4 Abs. 1 Satz 1 StVollzG wirkt der Gefangene an der Gestaltung seiner Behandlung und der Erreichung des Vollzugsziels mit. Der Gefangene hat

---

130 Calliess/Müller-Dietz, 2008, S. 284f.

131 Feest, S. 855f.

132 Calliess/Müller-Dietz, 2008, S. 738ff.

133 Gusy, S. 655f.

134 Mackeben, S. 213f.

135 Gusy, S. 656f.

das Recht, in die Resozialisierungsmaßnahmen im Strafvollzug einbezogen zu werden, und kann eine bestimmte resozialisierende Behandlung fordern.[136] Auch wenn der Resozialisierungsgedanke nach § 4 Abs. 1 StVollzG weder ein Mitwirkungsrecht noch eine entsprechende Pflicht des Gefangenen begründet, sieht man eine freiwillige und einsichtsvolle Mitarbeit als Notwendigkeit[137] für einen Resozialisierungserfolg an. Dies ändert nichts an der Prägung des Strafvollzugs durch materielle Staatsgewalt. Die staatliche Gewalt bestimmt im Wesentlichen die Lebensführung eines jeden Gefangenen, so dass entsprechende behandelnde Maßnahmen mit ihm durchgeführt werden können. Somit kann die Behandlung des Gefangenen als hoheitsrechtliche Aufgabe angesehen werden. Die Bediensteten im Strafvollzug unterliegen eindeutig dem Beamtenvorbehalt gemäß Art. 33 Abs. 4 GG. Als Zwischenergebnis kann hier festgestellt werden, dass die Freiheitsbeschränkungen des Strafvollzugsrechts dem Beamtenvorbehalt unterliegen. Im Rahmen des Behandlungsvollzugs unterliegen allerdings der Verwaltung der Vollzugsanstalt grundsätzliche Entscheidungen über den Ablauf der Behandlung. Aus diesem Grund erscheint die Tätigkeit privater Strafvollzugsbediensteten zulässig.

2.2.4.3.3 Einsatz des privaten Personals anstelle der Beamten

Aus den §§ 155, 156 StVollzG ergeben sich Regelungen über das einsetzbare Personal. Auch das Personal im persönlichen und sachlichen Bereich, wie Seelsorger, Ärzte, Pädagogen, Psychologen und Sozialarbeiter, ist nach § 155 Abs. 1 Satz 2 StVollzG für jede Anstalt vorzusehen.[138]

Man kann hier die Frage stellen, welche Gründe in diesem Zusammenhang für den Einsatz in privaten Justizvollzugsanstalten vorliegen. Besondere Gründe nach § 155 Abs. 1 Satz 1 StVollzG liegen einerseits dann vor, wenn zur besonderen Behandlung eines Strafgefangenen spezielle Fachkräfte nötig sind, andererseits, wenn es sich um die Ausnahme- und Einzelfälle[139] der Regelverantwortung

---

136 Kaiser/ Schöch, S. 203.

137 „Die Notwendigkeit zur Mitwirkung ergibt sich zum einen aus verfassungsrechtlichen Gründen und zum anderem aus dem Wesen der Behandlung." (Calliess/Müller-Dietz, 2008, S. 78)

138 Calliess/Müller-Dietz, 2008, S. 742f.; Feest, S. 855; Mackeben, S. 215f.

139 „Eine Sonderentwicklung ist seit 1996 in Bremen zu verzeichnen. Durch Landesgesetz wurden die Vollzugsbereiche Arbeits-, Bau- und Wirtschaftsverwaltung, pädagogischer Dienst, Gesundheitsdienst und Werkdienst einem Landes-Eigenbetrieb mit dem Namen Justizdienstleistungen eingegliedert. Sie sollen dort nach betriebswirtschaftlichen Grundsätzen organisiert werden." (Feest, S. 855f.)

der Vollzugsbeamten handelt.[140] Besondere Gründe können aber auch finanzielle Erwägungen sein, die sich aus einem Wirtschaftlichkeitsvergleich zwischen den Beamten und privatrechtlich Tätigen ergeben.[141]

Das Regel-Ausnahme-Prinzip, das der Regelung i. S. d. § 155 Abs. 1 StVollzG i.V.m. Art. 2 GG und Art. 33 Abs. 4 GG zugrunde liegt, hat die Konsequenz, dass nichtbeamtete Personen eine zahlenmäßige Minderheit bleiben müssen. Der dringende Bedarf nach zusätzlichen Gefängnisplätzen zur Sicherstellung eines rechtmäßigen Strafvollzugs erfordert auf allen Stufen ein Mehr an Flexibilität. Ein Musterbeispiel für einen Strafvollzug stellt der in Hünfeld (Hessen) im Bau befindliche private Strafvollzug dar.

2.2.4.4 Zugelassene Ausnahmen

Nach Art. 33 Abs. 4 GG ist in der Regel die Ausübung ständiger hoheitsrechtlicher Befugnisse auf Beamte zu übertragen. Die Formulierung „in der Regel" besagt hierbei, dass Art. 33 Abs. 4 GG die Möglichkeit bietet, dass die Aufgaben durch Private ausgeübt werden können, die keinen obrigkeitlichen Charakter haben.

2.2.4.4.1 Zulässigkeit der Ausnahmen

2.2.4.4.1.1 Eine quantitative Komponente

Art. 33 Abs. 4 GG enthält eine quantitative Komponente, die besagt, dass die Wahrnehmung hoheitsrechtlicher Befugnisse durch Nichtbeamte insgesamt eine Ausnahmeerscheinung und auf die Übertragung auf einzelne Zuständigkeiten beschränkt bleibt.[142] Für die Übertragung der Aufgabe auf Nichtbeamte müssen wesentliche Gründe bestehen bzw. es muss sich um begründete Ausnahmefälle handeln.

2.2.4.4.1.2 Ein quantitatives Übergewicht und der Verhältnismäßigkeitgrundsatz

Im Regelungsbereich des Funktionsvorbehalts soll sichergestellt werden, dass regelmäßig Beamte des öffentlichen Diensts eingesetzt werden und der Einsatz von Nichtbeamten eine Ausnahme darstellt. Das bedeutet einerseits, dass bereichsspezifische[143] Ausnahmeregelungen getroffen werden dürfen, wobei es für

---

140 Calliess/Müller-Dietz, 2008, S. 742f.

141 Mackeben, S. 216.

142 Bracher, S. 70f.

143 „In sehr vielen Bereichen ist ein starkes Nebeneinander von Beamten und anderen staatlichen Bediensteten mit Privaten festzustellen. Man denke hier unter anderem an Bereiche wie die Post, das Schulwesen, die Telekommunikation, die Bahn oder die

die Wahrung des Regel-Ausnahme-Verhältnisses nicht allein auf eine überwiegend quantitative Wahrnehmung hoheitsrechtlicher Befugnisse durch die Beamten ankommt. Aus diesem Grund ist zuerst eine quantitative Limitierung dergestalt abzuleiten, dass die Wahrnehmung hoheitsrechtlicher Befugnisse insgesamt eine empirische Ausnahmeerscheinung bildet und sich lediglich auf einzelne Zuständigkeit erstrecken darf. Darüber hinaus entfaltet das Regel-Ausnahme-Verhältnis eine qualitative Wirkkraft für die Zulässigkeit jeder einzelnen Aufgabenübertragung.[144] Andererseits bedarf die Betrauung der Nichtbeamten mit hoheitsrechtlichen Befugnissen der Rechtfertigung im Sinne des Verhältnismäßigkeitgrundsatzes.[145] Für die Übertragung hoheitsrechtlicher Aufgaben auf Private muss im Sinne des Verhältnismäßigkeitsgrundsatzes ein quantitativ ausreichender Grund vorliegen. Dem Beamtenstatus muss zumindest ein faktisch bedeutsamer Arbeitsbereich erhalten bleiben, und auch zur Erfüllung hoheitsrechtlicher Aufgaben ist ein überwiegender Einsatz der Beamten erforderlich.[146]

Im Anschluss daran sollte eine Ausnahme des Grundsatzes zur Erfüllung der Hoheitsaufgaben in sachlich begründeten Fällen zulässig sein. Hoheitsrechtliche Befugnisse kommen aus dem Volk und werden vom Volk übertragen. Es könnten die Aufgaben, die die Ausübung hoheitsrechtlicher Befugnisse beinhalten, an die Nichtbeamten in sachlich begründeten Fällen oder beim Vorliegen besonderer Gründe unter der Beachtung des Regel-Ausnahme-Prinzips übertragen werden. Dann muss durch den Staat regelmäßig Aufsicht und Kontrolle über die übertragenen Aufgaben sichergestellt werden.

2.2.4.4.2 Zulässigkeit privater Strafvollzugsanstalten

Mit dem privaten Betrieb von Strafvollzugsanstalten geht eine ständige Ausübung hoheitsrechtlicher Befugnisse einher, weshalb damit aufgrund der ersten Ausnahmen des Art. 33 Abs. 4 GG ein mögliches Privatisierungsverbot verbunden sein könnte.[147] Dies spiegelt sich auch in § 155 Abs. 1 Satz 1 StVollzG wieder, wonach die Aufgaben der Strafvollzugsanstalten durch die Vollzugsbeamten wahrgenommen und nur aus besonderen Gründen auf andere Bedienstete der

---

Bundeswehrverwaltung, die auch heutzutage schon ganz oder teilweise privatisiert sind und in denen Beamte und Private die gleichen Aufgaben erfüllen." (Kulas, Privatisierung hoheitlicher Verwaltung, S. 68)

144 Krölls, S. 452f.

145 Jachmann, S. 1018ff.

146 Kulas, Privatisierung hoheitlicher Verwaltung, S. 69.

147 Kulas, Privatisierung hoheitlicher Verwaltung, S. 67.

Strafvollzugsanstalten sowie nebenamtlich Tätige oder vertraglich verpflichteten Personen übertragen werden können.[148] Ein besonderer Grund für die Privatisierung des Strafvollzugs liegt darin, dass die Situation der Gefangenen verbessert und die Vollzugskosten reduziert werden können. Durch den privaten Betrieb einzelner Strafvollzugsanstalten entstehen positive Impulse für die Entwicklung des Strafvollzugs, was dazu führt, dass die Aufgaben des Behandlungsvollzugs in den Privatgefängnissen besser als im öffentlichen Behandlungsvollzug geleistet werden können.[149]

2.2.5 Zusammenfassung

Wie in diesem Abschnitt herausgearbeitet wurde, liegt der Kerngedanke bei der Privatisierung im Strafvollzug in der Bestimmung der Hoheitsrechtlichkeit einer Aufgabe. Die vollständige oder anteilige Ausklammerung der verfassungsmäßig fundierten und gesetzlich geregelten Behandlungs- und Resozialisierungsaufgaben aus dem Bereich der hoheitsrechtlichen Vollzugsaufgaben steht zwar mit der geltenden Rechtsdiskussion in Konflikt, entspricht aber der rechtspolitischen Zielsetzung, den Strafvollzug soweit wie möglich für private Aktivitäten, besonders im Sektor der Resozialisierung, zu öffnen.[150] Die Suche nach Verbesserungsmöglichkeiten im Strafvollzug ist eine fortwährende Aufgabe der Kriminalpolitik. Die Privatisierung stellt eine neue Entwicklung im Strafvollzugsbereich dar, die in Deutschland noch am Anfang steht. Die Entwicklung ist mit einigen Schwierigkeiten und Gefahren verbunden, bietet aber die Chance, Leistung und Ansehen des Strafvollzugs sowohl für die Gefangenen als auch für die Gesellschaft zu verändern und gleichzeitig eine Kostentlastung für die öffentliche Hand zu erzielen. Eine Privatisierung im Strafvollzug bzw. in den Justizvollzugsanstalten könnte nach dem Regel-Ausnahme-Prinzip möglich werden und sich auf die Resozialisierung positiv auswirken.

---

148 Weber, S. 72f.

149 Kulas, Privatisierung hoheitlicher Verwaltung, S. 71

150 Calliess/Müller-Dietz, 2008, S. 787f.

3. Vergleich und Analyse der privaten Justizvollzugsanstalten

3.1 Geschichte des Strafvollzugs

Historisch betrachtet wurden die ersten Justizvollzugsanstalten privat errichtet und betrieben. Aus diesem Grund bedarf es zuerst eines Überblicks über die Geschichte des privaten Strafvollzugs. Danach wird der Stand der Privatisierung der Justizvollzugsanstalten in den USA, Großbritannien und Australien unter die Lupe genommen, wo die Privatisierung bereits weitestgehend fortgeschritten ist. Bevor auf die Geschichte der privaten Beteiligung am Strafvollzug eingegangen wird, wird versucht, kurz die allgemeine Entwicklung des Strafvollzugs darzustellen.

3.1.1 Entstehung und Entwicklung des Strafvollzugssystems

Die Freiheitsentziehung als staatliche Zwangsmaßnahme gab es bereits im Altertum bei den Babyloniern, Ägyptern, Griechen und Römern. Das Gefängnis hatte im Mittelalter nur eine unterordnete Bedeutung und war im Wesentlichen eine Sicherungsanstalt, wobei in diesen Gefängnissen absolut menschenunwürdige Zustände herrschten.[151] Das erste Strafvollzugssystem im heutigen Sinne wurde privat betrieben. Der früheste Beleg findet sich für die Strafhaft nicht im weltlichen Strafrecht, sondern im kirchlichen Bereich.[152]

3.1.1.1 Geburt des Gefängnisses

Das erste eigentliche Gefängnis war das von König Edward VI. 1552 errichtete Gefängnis „Schloss Bridewell“[153] in England. Die Idee, die Gefangenen durch

---

151 Stöckle-Niklas, S. 5.

152 Krause, S. 16f.

153 „Schloss Bridewell bekam später den Namen ‚house of corrections‘ und wurde zum Vorbild einergroßen Anzahl ähnlicher Arbeits- und Werkhäuser, die in der Folgezeit in verschiedenen Grafschaften ins Leben gerufen wurden.“ (Kaiser/Schöch, S. 11)

Zwangsarbeit zu resozialisieren, hängt maßgeblich mit einer durch Humanismus und Reformation veränderten Neubewertung der Arbeit zusammen.[154]

Auf dem europäischen Festland entstanden die ersten Justizvollzugsanstalten im heutigen Sinne in Holland.[155] 1595 wurde eine Männerstrafvollzugsanstalt („Tuchthuis") in Amsterdam geschaffen und im Jahr 1597 folgte das Spinnhaus („Spinhuis") für die Frauen. Die Anstalten in Amsterdam wurden zum Vorbild nicht nur für die Niederlande, sondern auch für den Rest Europas.[156] Damit wurde in Holland zum ersten Mal der Gedanke der modernen Freiheitsstrafe verwirklicht. Die Amsterdamer Zuchthäuser wurden zu den ersten modernen Strafanstalten.

3.1.1.2 Reform und Entwicklung des Strafvollzugssystems

Es gab schon im 18. Jahrhundert Strafanstalten, die im Gegensatz zum allgemeinen Zerfall des Amsterdamer Besserungskonzepts eine konsequente Resozialisierungsarbeit an Strafgefangenen leistete. Zu diesen Einrichtungen gehörten das 1703 gegründete „Böse-Buben-Haus" in San Michele bei Rom und das 1775 in Gent eröffnete „Maison de Force". In beiden Anstalten wurde mit Hilfe der individualisierenden Maßnahmen auf eine Besserung der Gefangenen hingearbeitet.[157] Dazu wurden europäische Reformansätze in die amerikanische Gefängnisbewegung umgesetzt. Die Quäker gründeten im Jahr 1776 die Gefängnisgesellschaft „Philadelphia Society for Assisting Distressed Prisoners", die sich an religiösen Grundsätzen orientiere. Im Jahr 1787 wurde eine staatliche Anstalt in Philadelphia, die „Philadelphia Society for Alleviating the Miseries of Public Prisons", ins Leben gerufen.[158]

John Howard (1726–1790) gilt als Initiator des modernen Gefängniswesens bedeutendster Gefängnisreformer des 18. Jahrhunderts.[159] Er besuchte die englischen und kontinentalen Gefängnisse und forderte die Differenzierung und Isolierung der Gefangenen am Tag und in der Nacht.[160] Das Reformmotto von John Howard

---

154 Krause, S. 32.

155 Kaiser/Schöch, S. 11.

156 Kaiser/Schöch, S. 12f.; Bernsman, S. 12ff.

157 Kaiser/Schöch, S. 17.

158 Kriegsmann, S. 30.

159 Ortner, S. 15.

160 „Seine wichtigsten Forderungen waren: Sinnvolle Arbeit für die Gefangenen und gerechte Entlohnung; Kampf gegen Faulheit, Glückspiel und Alkohol; gesunde Ernährung; Hygienische Zustände durch Einrichtung von Bädern; Ein Stufenvollzugssystem, in dem Gefangene durch gute Führung Hafterleichterungen erlangen können.;

war: „Macht Menschen fleißig, und sie werden ehrlich sein!“ Vor allem gewann er aufgrund seiner Einblicke grundlegende Einsichten, infolge derer das Gefängnis sich immer mehr als humane Alternative zu den bisher üblichen Leib- und Lebensstrafen durchsetzte. Schlechte Zustände waren besonders dort anzutreffen, wo private Unternehmen das Gefängnis vom Staat gepachtet hatten, um mit der Arbeitskraft der Insassen einen Manufakturbetrieb zu unterhalten.[161]

Hinzu kommt, dass im Modell des Panopticons von Jeremy Bentham (1748–1832) die Idee des Zellengefängnisses im Jahr 1810 vervollkommnet wurde. Das Panopticon schaffte einen bewussten und permanenten Sichtbarkeitszustand beim Gefangenen, der das automatische Funktionieren der Macht sicherstellte[162] und auch die Kontrolle der moralischen Besserung der Gefangenen ermöglichte. Benthams Panopticon erscheint für Michael Foucault als Musterbeispiel einer disziplinierenden Machtstruktur und damit als Prototyp für Disziplinierung der Gesellschaft durch die Überwachung im Sinne des Panoptimus.[163]

3.1.1.3 Gefängnis als totale Institution

Die Gefängnisse transformierten etwa im 19. Jahrhundert ihre Identität in der Haft und passten sich den neuen Anforderungen an. Sie benutzten ihre biographische Erfahrung als eine Ressource, mit der sie auf die Situation der Gefangenschaft reagieren konnten. Die Identität blieb ein beweglicher Orientierungsrahmen, der ihrem Leben einen Sinn verlieh, der zwischen den sozialen Konfigurationen innerhalb und außerhalb der Anstalt vermittelte. Dabei zeigt es sich, dass die vermeintlich stabile Identität beim Eintritt in die Institution keinesfalls immer ungebrochen war, vielmehr konnten sich zahlreiche innere und äußere individuelle Konflikte in der Anstalt fortsetzen. Es gründete in den biographischen Prägungen außerhalb der Anstalt, spiegelte sich in ihnen und konnte deshalb ganz unterschiedliche Formen annehmen.[164]

Einzelhaft, um eine kriminelle Ansteckung zu verhindern; Ausreichende Beziehung der Wärter; Regelmäßige Kontrollen der Gefängnisse durch die Aufsichtsbehörde.“ (https://www.knast.net/article.html?id=708)

161 Giefers-Wieland, S. 19f.

162 Michel Foucault: Überwachen und Strafen. Die Geburt des Gefängnisses. Suhrkamp, Frankfurt/M, 1976, S. 258f.

163 Vgl. Foucault, S. 258; Jung, Ein Blick in Benthams „Panopticon“, S. 41f.

164 Bretschneider, S. 141f.

Erving Goffman hat in mehrfacher Hinsicht über das Gefängnis als Typus der totalen Institutionen[165] behauptet:

> *„Gefängnisse können als deutliches Beispiel dienen, soweit wir berücksichtigen, dass das, was an Gefängnissen gefängnisartig ist, sich auch bei solchen Institutionen finden lässt. Ein weitere Aspekt können Gefängnisse auf die eigene Gesellschaft bezieht werden.“*[166]

Die Gefängnisse gelten heute unstrittig als Inbegriff der „totalen Institution“, indem sie eine hierarchisch-strukturierte Organisation aufweisen und als Aufbewahrungsort für delinquente Mitglieder der Gesellschaft gelten. Nach innen erfüllt das Gefängnis den Auftrag einer durch rigides Regelwerk durchgesetzten Besserung der Gefangenen gemäß den herrschenden Normen. Nach außen schützt das Gefängnis die Gesellschaft vor den einsitzenden Delinquenten bzw. allgemein vor Straftaten.[167] Darüber hinaus werden Lebenstüchtigkeit und Wiedereingliederungsfähigkeit der Strafgefangenen durch den Strafvollzug viel mehr geholfen. Der Weg des Strafvollzugs wäre eigentlich vorgezeichnet gewesen, indem im Gefängnis möglichst ähnliche Verhältnisse hergestellt werden, wie sie in der freien Gesellschaft herrschen.

3.1.2 Geschichte der privaten Beteiligung am Strafvollzug

3.1.2.1 USA

Die Beteiligung des privaten Sektors an der Strafvollzugsgeschichte zeigt vor allem den Hintergrund der angloamerikanischen politischen Kultur, die gegenüber staatlicher Befugnis skeptisch ist und daher private Initiative befördert.

3.1.2.1.1 Vor dem 20. Jahrhundert

Die Beteiligung des privaten Sektors begann im Jahr 1607 in Virginia kurz nach der Ankunft der ersten englischen Kolonisten. Zuerst wurde die Inhaftierung illegaler Einwanderer durch private Unternehmen aufgrund geringerer Kosten organisiert.[168]

---

165 Das Modell der totalen Institution, das von Erving Goffman der 1950er Jahre mitentwickeltet wurde, zielt auf eine Beschreibung erzwungener und überwachter Gemeinschaftsbildung. Erving Goffman konzentrierte sich auf Analyse von Interaktionen in sogenannten Totalen Institutionen und hat sie in fünf Typen eingeteilt. (vgl. Goffman, S. 16ff.)

166 Johannes Fesst, u.a, Totale Institution und Rechtsschutz, Opladen 1997, S. 12f.

167 Scheutz, S. 13f.

168 U.S Department of Justice, Bureau of Justice Assistance, Emerging Issues on Privatized Prisons, Februar 2001.

Während des 18. Jahrhunderts wurde der Einsatz von Privatunternehmen populär. Das Potenzial an Arbeitskräften, das aufgrund der Einführung der Besserungsanstalten sowohl in der Form des Pennsylvania- als auch des Auburns-Systems zur Verfügung stand, wurde von den privaten Betrieben genutzt. Bis 1885 hatten 13 Bundesstaaten zumindest Teile der Gefängnispopulation privaten Verträgern überlassen. Die Häftlinge wurden während der Arbeitszeit durch Mitarbeiter der Unternehmen beaufsichtigt, wobei diesen die Verantwortung für die Disziplin in der Anstalt oblag. Zudem waren Gefangene billiger als als die auf dem freien Markt verfügbaren Arbeitskräfte, weil diese sich zunehmend in Gewerkschaften organisierten und für bessere Arbeitsbedingungen und Mindestlöhne kämpften.[169]

Die Gefängnisse vermieteten ihre Gefangenen an private Bauernhöfe oder andere Geschäfte, wenn sie nicht absatzfähige Einzelteile innerhalb des Gefängnisses produzieren konnten. Zum Beispiel sah der Texas Act von 1860 Verträge mit dem privaten Sektor über die Nutzung der Gefangenenarbeit unter staatlicher Aufsicht im Strafvollzug vor. Dies zeigt, dass der Staat die Möglichkeit klar erkannt hat, aus dem Strafvollzug Einnahmen zu erzielen. In der Geschichte der privaten Beteiligung am Strafvollzug in den USA wurde zumeist eine Gefängnisarbeit der Gefangenen erwartet, um einen Gewinn für die Anstalt zu erbringen. Die Bedingungen in den Anstalten wurden selten durch die staatlichen Beamten kontrolliert, so dass das ganze System anfällig für Korruption und Missbrauch wurde.

3.1.2.1.2 Ab dem 20. Jahrhundert

Anfang des 20. Jahrhunderts entwickelte sich die Tendenz, die Strafvollzugsdienstleistungen Schritt für Schritt sowohl auf gewinnorientierte Privatunternehmen als auch nichtstaatliche Non-Profit-Organisationen zu übertragen. Bis 1920 erhöhte sich die staatliche Beteiligung am amerikanischen Strafvollzug. Der Betrieb und die amtlichen Funktionen im Strafvollzug wurden auf staatliche Stellen üertragen, somit von Angestellten des öffentlichen Diensts übernommen und nur durch den Staat finanziert.[170] In einigen programmbereichen (zum Beispiel: Religion und Erziehung) wurden rehabilitierende Dienstleistungen von freiwilligen, fähigen Vereinen zur Verfügung gestellt. Dadurch wurde die private Beteiligung an der Bereitstellung der Strafvollzugsdienstleistungen vermindert.

---

169 Giefers-Wieland, S. 23f.

170 U.S Department of Justice, Bureau of Justice Assistance, Emerging Issues on Privatized Prisons, Februar 2001.

Das Ende der privaten Beteiligung am Strafvollzug in den USA leitete die Verabschiedung des Hawes-Cooper Act 1929 ein. Dieses Gesetz untersagte es, die in den Anstalten eines Bundesstaats hergestellten Produkte in andere Bundesstaaten zu versenden. Dieses Gesetz trug zum Ende des industriellen Gefängnisses[171] erheblich bei, da die Arbeitskraft der Gefangenen nur noch eingeschränkt genutzt werden konnte.

Den Justizvollzugsanstalten wurden zusätzliche Services wie die Nahrungszubereitung, die Berufsausbildung und der Insassentransport zur Bereitstellungsliste des Vertrags hinzugefügt. Bezeichnenderweise fand die private Justizvollzugsanstalt in den USA nicht etwa aufgrund der schlechten Haftbedingungen, sondern wegen des mangelnden Bedarfes nach der Gefangenenarbeit und der schlechten wirtschaftlichen Situation sein Ende.

3.1.2.2 Europa

Seit dem 16. Jahrhundert richtete sich das finanzielle Interesse privater Unternehmen am Strafvollzug in Europa vor allem auf die wirtschaftliche Ausbeutung der Arbeitskraft der Gefangenen.[172] Zum Teil ließ diese sich dem privaten Unternehmer zur Verfügung stellen, indem die Gefangenen unter staatlicher Aufsicht für ihn tätig waren. Während in den Amsterdamer Zuchthäusern, in Frankreich und einigen norddeutschen Ländern die Gefangenen überwiegend unter staatlicher Aufsicht arbeiteten, wurden sie in England oft den privaten Manufakturen überlassen.[173]

Zuchthäuser boten ein großes Potenzial billigster Arbeitskräfte. Was lag also näher, als dieses durch die Einrichtung der Produktionsstätten im Interesse des Staats zu nutzen? Das ging soweit, dass man die Zuchthäuser an die Privatunternehmer verpachtete, die aber keinerlei Interesse an dem kriminalpolitischen Ziel dieser Anstalten hatten, sondern mehr als der Staat nur den größten Gewinn erzielen wollten.[174] Auch in der Schweiz findet sich bereits seit dem 17. Jahrhundert bis zu den Haftanstalten des 19. Jahrhunderts die Vermietung der Gefangenen an private Unternehmen.

171 „Der Begriff Gefängnisindustrie bezeichnet den Betrieb der Gefängnisse durch private Unternehmen gegen Entgelt." (http://de.wikipedia.org/wiki/Gefängnisindustrie)

172 Rusche/Kirchheimer, S. 64ff.

173 Nibbeling, S. 42ff.

174 Radbruch/Gwinner, S. 434f.

Als ein frühes Plädoyer für die Privatisierung wurde verschiedentlich der Entwurf einer Justizvollzugsanstalt durch Jeremy Bentham gewertet, wie oben bereits ausgeführt wurde. Den Zusammenhang mit der Wirtschaftlichkeit stellte er durch ein Vertrags- oder Pachtsystem her. In der Diktion des modernen Verwaltungsrechts gesprochen, sollte das Panopticon als beliehenes Unternehmen[175] geführt werden. Die Beleihung erfolgte praktisch auf Lebenszeit, und gutes Verhalten des Unternehmens wurde vorausgesetzt.[176]

In Deutschland wurde die Nutzung der Arbeitskraft der Gefangenen den privaten Betrieben gegen Lohn überlassen. Der Gefangene ließ sich dauernd dem Einfluss der Personen unterwerfen, deren Tätigkeit sich nicht auf die spezifischen Ziele des Strafvollzugs, sondern auf die Verfolgung ihrer Privatinteressen richtete.[177] Aufgrund der guten wirtschaftlichen Erfolge wurde in Magdeburg in den 1720er Jahren der Betrieb eines Zuchthauses im Unternehmermodell versucht.[178]

3.1.3 Zusammenfassung

Aufgrund der Nutzung der Arbeitskraft der Gefangenen waren die privaten Unternehmen am Strafvollzugssystem in Europa und den USA beteiligt. Der private Unternehmer interessierte sich nicht für die Besserung und Resozialisierung der Gefangenen, sondern nur für billige Arbeitskräfte. Die Gefangenen wurde als Arbeiter zunehmend gewaltig missbraucht und die Resozialisierung als Vollzugsziel zurückgedrängt. Für die Gefangenen bedeutet die Beteiligung der privaten Unternehmen am Strafvollzugssystem keine wesentliche Veränderung, vor allem keine Verbesserung der schlechten Haftbedingungen. Die Nutzung der Arbeitskraft der Gefangenen wurde zum schlechten Arbeitsmarkt, der eine hohe Arbeitslosenquote zur Folge herbeiführte.

---

175 Bentham sieht bestimmte vertragliche Einschränkungen und Bedingungen für die Unternehmer vor: Erstens wird er dazu verpflichtet, Rechenschaft zu legen. Zweitens darf er die Gefangnen nicht verhungern lassen. Drittens soll der Unternehmer keine Strafbefugnisse erhalten. (Jung, Ein Blick in Benthams „Panopticon“, S. 37f.)

176 Jung, Ein Blick in Benthams „Panopticon“, S. 37f.

177 Kriegsmann, S. 210ff.

178 Nibbeling, S. 44.

3.2 Privatisierung der Justizvollzugsanstalt in den USA

Unter der Präsidentschaft Ronald Reagans erlaubte die konservative Wirtschaftspolitik in den USA eine Entstaatlichung der staatlichen Aufgaben und die Privatisierung gewann mehr an Unterstützung. Mitte der 1980er Jahre ließ sich aufgrund des Anstiegs der Gefangenenrate, der Überfüllung, der schlechten Bedingungen und der hohen Vollzugskosten schließlich eine neue Entwicklung zu privaten Justizvollzugsanstalten als eine Form der Kriminalpolitik einführen. Obwohl die Privatisierung schon im 18. Jahrhundert versucht wurde und damals zu schlechten Ergebnissen führte, entschied sich die Politik dafür, der Privatisierung eine zweite Chance zu geben. In den USA kann sich die herrschende Auffassung der Zulässigkeit der Privatisierung auf eine im Jahr 1984 eingeführte Verfassungsvorschrift (18 U.S.C. § 3621 b) stützen, die die Gewährleistung humanitärer Mindeststandards im Vollzug wörtlich „by the Federal Government or otherweise“ vorschreibt.[179] Im Folgenden sollen neue amerikanische, privatisierte Justizvollzugsanstalten vorgestellt werden.

3.2.1 Entstehung neuer privater Justizvollzugsanstalten

3.2.1.1 Historische Entwicklung der Privatisierung der Justizvollzugsanstalten

Die kriminalpolitischen Veränderungen im Hinblick auf die Strafvollzugsziele haben es dazu geführt, dass bereits in den 1970er Jahren einige Bundesstaaten das Konzept der unbestimmten Freiheitsstrafe zugunsten fester Strafen für bestimmte Straftaten aufgegeben haben. Es wird dabei genommen, dass die Einführung der festen Freiheitsstrafe wesentlich zum Anstieg der Gefangenenzahlen beigetragen habe.[180] Daneben rief am Anfang der 1980er Jahre die Reagan-Administration den „War On Drugs“, den Krieg gegen die Drogen aus. Im Zuge der Drogenbekämpfungspolitik wurden viele Gesetze verschärft und die Mindeststrafen erhöht. Seitdem werden mehr Gefängnisstrafen ausgesprochen, längere Strafen verhängt und weniger Strafen zur Bewährung ausgesetzt. So ist die Anzahl der Inhaftierungen wegen des Drogenvergehen seit dem Beginn des „War On Drugs“ um tausend

179 Nibbeling, S. 93f.
180 Giefers-Wieland, S. 43f.

Prozent gestiegen.[181] Mit dem ständigen Anwachsen der Anzahl der Gefangenen konnte das Strafvollzugssystem nicht mehr mithalten. Seitdem ist der Betrieb von Justizvollzugsanstalten durch Privatunternehmen zur Realität geworden.[182] Im Sinne des ausgerichteten Strafvollzugs lässt die Kriminalpolitik sich vom Staat ablenken. Noch ein Grund dafür ist das schwindende Vertrauen in die Idee der Rehabilitierung der Strafgefangenen, die am Anfang des 20. Jahrhunderts aufgenommen worden war, und dem vermehrten Aufkommen der Befürworter, Politiker, der Abschreckung und der Prävention als Ziel des Strafvollzugs.[183]

1984 wurden in den USA die ersten privaten Justizvollzugsanstalten im Betrieb genommen. Der US Immigration und Naturalization Service (INS)[184] gehörte zu den ersten staatlichen Agenturen, der Teile seiner Aufgaben an private Anbieter vergab und damit einen neuen Markt schuf, um den neuen Markt des Betriebs von privaten Gefängnissen zu nutzen.[185] Im gleichen Jahr erregte das Unternehmen „Corrections Corperation of America" mit der Eröffnung des Houston Processing Center in Texas und der Übernahme des Strafvollzugssystems in Hamilton County in Chattanooga, Tennessee Aufsehen.

3.2.1.2 Modelle privater Justizvollzugsanstalten

Bei der Umsetzung der Privatisierung in den USA haben sich im Laufe der Zeit zwei wesentliche Modelle durchgesetzt.

3.2.1.2.1 Lease-Purchase-Modell

Das Lease-Purchase-Modell ist der Bau einer Justizvollzugsanstalt durch den privaten Betreiber mit seinen eigenen Mitteln. Das private Unternehmen ist der Eigentümer der Anstalt und ihrer Einrichtungen. Der Staat least das Anstaltsgebäude über einen bestimmten Zeitraum. Wird der Kaufpreis mit dem Ablauf der Leasingzeit vollständig durch den Staat entrichtet, so geht die Anstalt in sein

---

181 Freia Peters, Unternehmen Knast, Berliner Zeitung vom 10.7.2003, http://www.berliner-zeitung.de/archiv/in-den-usa-werden-viele-gefaengnisse-von-privatfirmen-betrieben--weil-es-weniger-kostet---und-weil-es-immer-mehr-haeftlinge-gibt-unternehmen-knast,10810590,10099588.html

182 Shichor, S. 82f.

183 Magliana, S. 77f.

184 INS hatte Verträge mit zwei Privatunternehmen für die Verhaftung illegaler Einwanderer.

185 Culp, S. 422ff.

Eigentum über. Aber, es besteht auch die Möglichkeit, den Restkaufpreis zu entrichten und dadurch zum Eigentümer zu werden.[186]

3.2.1.2.2 Management- Modell

Beim Management-Modell wird nur die wirtschaftliche und organisatorische Führung einer Anstalt, einschließlich der Bereitstellung des Personals, durch ein privates Unternehmen vorgenommen. Grundsätzlich zahlt der Staat pro Gefangenen zur Tagesunterbringung ein bestimmtes Entgelt.[187] Das wird regelmäßig so berechnet, dass die anfänglichen und laufenden Instandhaltungs- und Unterhaltskosten sowie der kalkulierte wirtschaftliche Gewinn abgedeckt werden können.[188]

3.2.1.2.3 Take-over-Modell

Unter dem Take-over-Modell versteht man, dass ein privates Unternehmen im Rahmen einer Leasing- und Managementvereinbarung neue Anstalten errichtet. Die Aufgaben der Strafvollzugsbehörde beschränken sich im Rahmen dieses Modells auf die Bedarfsplanung, die Überwachung des ausführenden Unternehmens und die Entwicklung der Vollzugsinhalte und -programme.[189] In der Praxis wird das Take-over-Modell zur Zeit nicht betrieben.

3.2.2 Besonderheit privater US-amerikanischer Justizvollzugsanstalten

3.2.2.1 Eigenschaft des Rechts

Aus Art. 1 Satz 1 U.S. Constitution[190] wird die sogenannte „non–delegation doctrine“[191] abgeleitet. Zum Teil wird aus dieser Doktrin weiter abgeleitet, der Strafvollzug

---

186 Gasch, S. 263ff.

187 Gasch, S. 264.

188 Giefers-Wieland, S. 61f.

189 Giefers-Wieland, S. 62.

190 “All legislative Powers herein granted shall be vested in a Congress of the United States, which shall consist of a Senate and House of Representatives.”

191 “The nondelegation doctrine is the principle that the Congress of the United States, being vested with all legislative powers by Article One, Section 1 of the United States Constitution, cannot delegate that power to anyone else. However, delegation of some authority is exercised as an implied power of Congress and has been ruled constitutional by the Supreme Court, as long as Congress provides an intelligible principle to guide the executive branch.”, (http://en.wikipedia.org/wiki/Nondelegation_doctrine).

als wesentliche Aufgabe des Staats dürfe von diesem nicht delegiert werden. Darum haben die USA kein allgemeines Bundesgesetz für private Justizvollzugsanstalten, stattdessen haben einige Bundesländer mit den privaten Gefängnissen spezifische gesetzliche Grundlagen zur Führung der Strafanstalten durch private Unternehmen geschaffen. Jedoch ist die Privatisierung der Justizvollzugsanstalten nicht in allen Bundesstaaten der USA gesetzlich zulässig.[192] Die Privatisierung beim Strafvollzug in den USA wurde so praktisch in die Wege geleitet.

3.2.2.2 Auswahl der privaten Unternehmen

Die Unternehmen werden nach öffentlicher Ausschreibung und Eignungsprüfung ausgewählt. Die Auschreibung benennt die Aufgaben, die zu übernehmen und zu erfüllen sind. Das staatliche Auswahlverfahren ist in seinen Einzelheiten unterschiedlich ausgestaltet. Als Erstes prüft ein Auswahlausschuss es, ob die Unternehmen in ihrem Angebot mit dem Entgelt pro Tag und Häftling unter einem Betrag bleiben, der von der Behörde vorgegeben wird. Danach werden die Angebote anhand eines Punktesystems bewertet, so dass nicht zwangsläufig das Unternehmen mit dem preisgünstigsten Angebot, sondern mit dem besten Preis-Leistungs-Verhältnis den Zuschlag erhält.[193]

3.2.2.3 Aufsicht des Staats

Eine wichtige Aufgabe des Staats bei der Justizvollzugsanstalt ist die Kontroll- und Aufsichtsverpflichtung. Der Staat bleibt verpflichtet, ein ausreichendes und funktionierendes Kontroll- und Überwachungssystem bereitzustellen. Er soll überprüfen, ob das Unternehmen die übertragene Aufgabe erfolgreich erfüllt. Er prägt auch unmittelbar das Verhältnis zwischen den Gefangenen und dem privaten Strafanstaltsbetreiber.[194] Sinnvoll ist die Überwachung der der Ausübung der Befugnisse über die Insassen, die privaten Einrichtungen vom Staat übertragen wurden.[195] Deshalb bedarf es eines funktionierenden Kontrollsystems, damit das private Unternehmen sehr gut kontrolliert und beaufsichtigt wird. Zum Beispiel werden in Florida mit dem sogenannten „Community Control Program“ privat geführte Strafanstalten kontrolliert.[196]

---

192 Vardalis/Becker, S. 137f.

193 Giefers-Wieland, S. 63ff.

194 Nibbeling, S. 124ff.

195 Giefers-Wieland, S. 67f.

196 The Florida Corrections Commission S. 3ff.

3.2.3 Zum Stand des Betriebs privater Justizvollzugsanstalten

3.2.3.1 Kapazität der privaten Justizvollzugsanstalten

Die folgende Abbildung zeigt das quantitative Wachstum der privaten Justizvollzugsanstalten nach der Kapazität der Anstalten von 2001 bis 2008 in den USA.

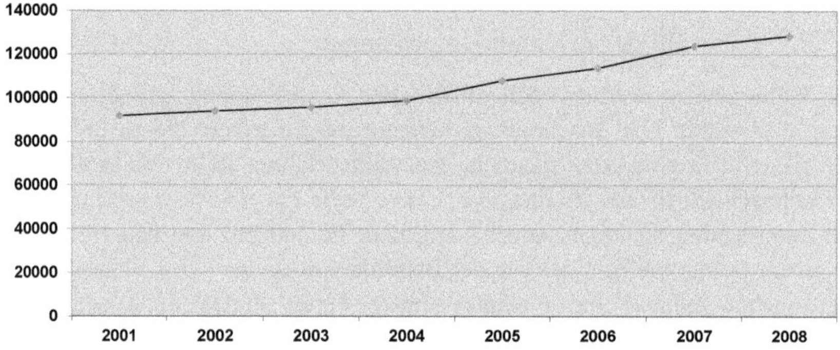

Abb. 1: Gesamte Kapazität der privaten Justizvollzuganstalten in den USA[197]

Wie zu erkennen ist, wächst die Kapazität (Anzahl der Häftlinge) der privaten Justizvollzugsanstalten ständig weiter. Bis 2008 wurden in den USA etwa 8.0 % der Justizvollzugsanstalten privat betrieben. Im Jahr 2008 griffen insgesamt 30 Bundesstaaten in den USA auf private Hafteinrichtungen zurück. Unter diesen Bundesstaaten wurde von Texas und Florida das größte Wachstum berichtet. In den fünf Bundesstaaten New Mexiko, Montana, Hawaii, Alaska und Vermont waren etwa 30% der Staatsgefangenen in privaten Strafanstalten untergebracht.[198] Vereinzelte Staaten wie Florida, Michigan, New Mexiko, Tennessee und Texas haben sogar spezielle Gesetze erlassen, die privat betriebene Gefängnisse ausdrücklich erlauben.[199]

3.2.3.2 Private Unternehmen

Derzeit betreiben etwa 20 private Unternehmen in den USA eigene Justizvollzugsanstalten. Von den Unternehmen der privaten Justizvollzugsanstalten in den USA

197 Cooper/Sabol/West, S. 38.
198 Cooper/Sabol/West, S. 39f.
199 Gasch, S. 263.

zeigen CCA und WCC im Moment ein hohes Wachstum. Mehr als die Hälfte des Marktes werden von den beiden Unternehmen Corrections Corporation of America (CCA) und Wackenhut Correction (WCC) beherrscht, die beide ein hohes Wachstum aufweisen.

Corrections Corporation of America (CCA) wurde am 29. Januar 1983 von drei Geschäftsmännern in Tennessee gegründet. Die Firma spezialisiert sich auf das Design, den Bau und das Management von Gefängnissen sowie auf den Haftdienst. Dazu bietet CCA die Insassenpflege und die Gefangenentransportservices im Auftrag des Justizministeriums an.[200]

Die folgenden vier Grundsätze liegt CCA ihrer Arbeit zugrunde: Leistung, Erfahrung, Flexibilität und Kosteneffizienz.[201] CCA bietet eine Vielzahl an Rehabilitations- und pädagogischen Programmen, eine grundlegende Ausbildung, Ertüchtigung zur Lebensfähigkeit und das Berufstraining an. Die Firma stellt auch Gesundheitspflege, Nahrungsmitteldienstleistungen, Arbeit und Erholungsprogramme zur Verfügung.[202]

Wackenhut Corrections Corporation (WCC) wurde im Jahr 1984 als Tochtergesellschaft der „The Wackenhut Corporation" gegründet. WCC entwirft, konstruiert, finanziert und betreibt Staats- und Bundesstrafanstalten, Anstalten für den Spezialzweck sowie Immigrations- und Haftungscenter.[203] Die Firma entwickelt einen Rahmen für die Gesundheitsvorsorge, die Programme der medizinischen und psychischen Erholung einschließlich der Drogenmissbrauch-Therapie und Seelsorge. Darüber hinaus bietet sie in der Zusammenarbeit mit den Justizvollzugsanstalten Ausbildungs- und Arbeitsprogramme an. WCC liegt ihrer Arbeit die folgenden fünf Werte: (1) Gewähren eines sicheren und gesicherten Umfeldes, (2) Bereitstellung einer qualitativ hochwertigen Ausstattung, (3) Achtung der Menschenwürde und der Menschenrechte (4) Bereitstellung einer qualitativ hochwertigen Gesundheitsvorsorgung und (5) Gewährung des Zuganges zum qualitativ hochwertigen Rehabilitationsprogramm.[204] Ende 2005 wurden 62 Justizvollzugsanstalten in Kanada, Australien, Großbritannien, Neuseeland und Südafrika durch WCC betrieben. In 17 Bundesstaaten der USA werden von WCC private Justizvollzugsanstalten betrieben.[205]

---

200 http://www.correctionscorp.com/aboutcca.html.
201 http://www.correctionscorp.com/whycca.html.
202 http://www.correctionscorp.com/aboutcca.html.
203 http://www.wcc-corrections.com/corporate.asp.
204 http://www.wcc-corrections.com/values.asp.
205 http://www.wcc-corrections.com/facts.asp.

3.3 Großbritannien

Seit dem Antritt der Regierung von Margret Thatcher (1979) gab es auch bei den nachfolgenden britischen Regierungen ein politisches Interesse, die Privatisierung des Strafvollzugs als Mittel zur Reduzierung der Staatsaufgaben zu nutzen.[206]

Die Regierung Thatchers setzte während ihrer Amtsübernahme ein Privatisierungsprogramm in die Praxis um, das sich als eine der radikalsten Reformen der ökonomischen und industriellen Struktur darstellte.[207]

Die Privatisierung des Strafvollzugs zu politischer Änderung der Regierung Thatchers stand im Kontext des Abbaus des Wohlfahrtsstaats und stellte eine Abkehr von der bislang auf die Rehabilitation ausgerichteten Strafvollzugspolitik dar.[208] Die Privatisierung einiger Justizvollzugsanstalten wurde durch alle nachfolgenden Regierungen fortgeführt, um die Probleme der Überfüllung der Justizvollzugsanstalten zu bewältigen und die Haftkosten der Gefangenen abzufangen.

3.3.1 Einführung privatisierter Justizvollzugsanstalten

In den USA im Jahr 1986 wurde durch das Home Affair Committee berichtet, dass der aktuelle Zustand der britischen Strafanstalt durch das Alter, die starke Überbelegung, die unhygienischen Bedingungen geprägt wäre und private Justizvollzugsanstalten als ein Experiment und ein Fortschritt im Bereich des Strafvollzugs eingeführt werden könne.[209] Die Regierung akzeptierte jedoch nur die Idee der Privatisierung der Untersuchungshaftanstalten und neuer Justizvollzugsanstalten. Somit hat seit den 1990er Jahren die britische Regierung mit der Übertragung des Baus und Betriebs der Strafanstalten auf private Unternehmen begonnen. Durch die Criminal Act von 1991 und 1993 ist die Erfüllung aller Vollzugsaufgaben durch vertraglich gebundene Privatpersonen ermöglicht worden. In dieser Zeit wurden neue Justizvollzugsanstalten durch Privatunternehmen entworfen, finanziert, errichtet und betrieben. Private Justizvollzugsanstalten wurden in Großbritannien in drei Schritten eingeführt.

---

206 Genders, S. 137f.
207 Topsch, S. 31f.
208 James/ Bottomley/Liebling/Clare, S. 35f.
209 Nossal/Wood, 9f.

3.3.1.1 Erster Schritt

Der erste Schritt war die Privatisierung eines neu gebauten Zuchthauses. Die Regierung führte 1991 Vorschriften ein, die das Experiment ermöglichten. Sie schloss einen Vertrag mit der neuen Einrichtung für die Bewachung der Gefangenen ab.[210] Im April 1992 wurde das Zuchthaus in Wold durch das Unternehmen Group 4 Remand Service Ltd[211] in Betrieb genommen. Die Firma orientierte sich an fünf Grundregeln, die durch die Regierung aufgestellt worden waren: Erstens die Unschuldsvermutung, zweitens Normalität, drittens Kontrolle durch die Beziehungen, viertens die Verkleinerung der Frustration, fünftens Minimalstandards.[212] Im Dezember 1992 wurde die Blackenhurst- Justizvollzugsanstalt durch einen Vertrag mit dem Unternehmen United Kingdom Detension Service (UKDS)[213] errichtet.

3.3.1.2 Zweiter Schritt

Im zweiten Schritt könnte jedes neue oder schon im Betrieb befindliche Gefängnis durch einen Vertrag mit einem Privatunternehmen privatisiert werden. Im September 1993 kündigte die Regierung an, 10% der gesamten Justizvollzugsanstalten in England und Wales durch Privatunternehmen zu betreiben. Dem Home Office wurde die Befugnis des Vertrags zum Management jedes möglichen Gefängnisses gegeben.[214]

1997 wurde die erste Justizvollzugsanstalt in Wales eröffnet, die durch ein Privatunternehmen finanziert, entworfen, errichtet und betrieben wurde. Sie ist eine sogenannte „Designed, Constructed, Managed and Financed"-Strafvollzugsanstalt. Die sogenannte DCMF ist derzeit bei der Errichtung und dem Betrieb privater Justizvollzugsanstalten dominierend.[215]

3.3.1.3 Dritter Schritt

Das Home Office hat 1999 die Entscheidung getroffen, dass alle neuen Justizvollzugsanstalten unter der sogenannten „Privaten Finanz-Initiative" entworfen,

---

210 James/Bottomley, S. 224f.

211 Group 4 ist das größte private Sicherheitsunternehmen und betreibt die erste private Justizvollzugsanstalt in Großbritannien.

212 James/Bottomley, S. 225f.

213 Das Unternehmen UKDS ist eine Firma, die Aufsichtspersonal zur Verfügung stellt und drei private Justizvollzugsanstalt in Großbritannien betreibt.

214 Thompson, S. 150f.

215 Genders, S. 140.

konstruiert, betrieben und finanziert werden sollten.[216] Die Erweiterung auf solche Strafanstalten wurde durch das von Margret Thatcher entwickelte Programm der privaten Finanzierung ermöglicht.

Im Vertragsverhältnis zum Privatunternehmen kann der Staat ein hohes Niveau bei den Gefangenenprogrammen und damit der allgemeinen Qualität des Diensts in vielen Fällen stärker einfordern.[217]

Zurzeit entwickelt die Regierung das Private-Finanzierung-Initiativen-Projekt, dass durch die Konkurrenz privater Betreiber das Preis-Leistungs-Verhältnis der Strafanstaltsbetreiber verbessert.[218]

3.3.2 Eigenschaft privater britischen Justizvollzugsanstalten

Großbritannien benutzt nicht nur das Instrument der Privatisierung der Justizvollzugsanstalten, sondern auch die Vergabe des Betriebs der Justizvollzugsanstalt („prison management“) an Privatunternehmen. Die privat betriebenen Justizvollzugsanstalten werden genauso so wie staatliche Justizvollzugsanstalten kontrolliert und überwacht.[219]

3.3.2.1 Änderung der gesetzlichen Grundlage

Großbritannien hat verhältnismäßig starke Gesetze zur Regelung der privat betriebenen Justizvollzugsanstalten. Gemäß Art. 84 Criminal Justice Act 1991 ist in Großbritannien dem Staatsminister und dem Justizministerium die Befugnis zum Vertrag mit einer privaten Justizvollzugsanstalt zuerkannt.[220]

216 Thompson, S. 150f.

217 Coyle, S. 5.

218 Thompson, S. 151ff.

219 http://www.crimeinfo.org.uk/topicofthemonth/index.jsp.

220 „(1) The Secretary of State may enter into a contract with another person for the running by him of any prison which (a) is established after the commencement of this section; and (b) is for the confinement of remand prisoners, that is to say, persons charged with offences who are remanded in or committed to custody pending their trial, or persons committed to custody on their conviction who have not been sentenced for their offences;and while such a contract is in force, the prison to which it relates shall be run subject to and in accordance with sections 85 and 86 below, the 1952 Act (as modified by section 87 below) and prison rules.“

Jede private Justizvollzugsanstalt hat ein Aufsichtsrat, der vom Staat ernannt wird und dem Staat gegenüber verantwortlich ist. Der Criminal Justice Act legt die Befugnisse fest, die vom Direktor und vom Kontrolleur ausgeübt werden können. Im Februar 1993 konnten gemäß dem „Criminal Justice Act 1991 (Contrated out Prison) Order 1993“[221] nicht nur neu gebaute Justizvollzugsanstalten, sondern auch schon betriebene Justizvollzugsanstalten privatisiert werden. Der Criminal Justice Act 1994 wurde zur Sicherheit, Kontrolle und Verantwortung auf privat betriebene Justizvollzugsanstalten übertragen.

3.3.2.2 Aufsicht privater Justizvollzugsanstalten

Eine private Justizvollzugsanstalt soll der gleichen Aufsicht durch den Staat wie eine staatliche Anstalt unterliegen (Criminal Justice Act 1994). Die Aufsicht über die Anstalt verbleibt beim Innenministerium, das auch darüber wacht, dass die Toleranzschwelle in Bezug auf Gewalttaten und Ausbrüche in privaten Justizvollzugsanstalten nicht überschritten wird.

3.3.3 Zum Stand der privaten Justizvollzugsanstalten

Großbritannien hat das am weitestgehenden privatisierte Strafvollzugssystem in Europa, und obgleich es da nicht viele private Strafanstalten wie in den Vereinigten Staaten gibt, ist der Anteil der Gefangenen in den privaten Justizvollzugsanstalten höher. Im Jahr 2003 berichtete das National Audit Office (NAO) über die funktionsfähige Leistung der privaten Justizvollzugsanstalten. Es berichtete darüber, dass einige private Justizvollzugsanstalten die gestellten Erwartungen sehr gut erfüllt hatten und einige Anstalten mindestens so schlecht wie schlechte staatliche Justizvollzugsanstalten geführt wurden. Aus diesem Grund kann NAO nicht sicher entscheiden, ob die Privatisierung im Strafvollzug entweder gut oder

---

221 „ Section 84(1) of the Criminal Justice Act 1991 provides that the Secretary of State may enter into a contract with another person for the running by that person of any prison which is established after the commencement of section 84 and is for the confinement of remand prisoners. The Criminal Justice Act 1991 (Contracted Out Prisons) Order 1992 amended section 84(1) so as to enable the Secretary of State to enter into such a contract for the running of any prison established after the commencement of section 84. That Order is revoked by this Order, which amends section 84(1) so as to enable the Secretary of State to enter into such a contract for the running of any prison whether established before or after that date.“

schlecht sei.[222] Trotzdem verkündete die britische Regierung 2006, dass ca. 4.000 neue Haftplätze erwartet werden, die privaten Unternehmen zur Verfügung gestellt werden.[223]

In Großbritannien werden derzeit elf Justizvollzugsanstalten durch Privatunternehmen betrieben. Die neueste Strafanstalt, die sich dem privaten Betreiber öffnete, war Peterborough im April 2005.[224] In diesen privat betriebenen Justizvollzugsanstalten, die ungefähr 8% des gesamten Justizvollzugsanstalten ausmachen, sind insgesamt rund 6.000 Insassen untergebracht. Die Errichtung von acht dieser Justizvollzugsanstalten ist unter der Beteiligung privaten Kapitals finanziert worden, zwei andere wurden durch den Staat errichtet und finanziert, werden aber von Privatunternehmen im Rahmen eines Managementvertrags betrieben.[225]

3.4 Australien

Die Privatisierung von Justizvollzugsanstalten in Australien folgte zwar ein wenig später als in den USA, aber die nachfolgende Ausbreitung war langsam und ziemlich begrenzt.[226] Der Grund für die Privatisierung von Justizvollzugsanstalten in Australien war die Reaktion auf politische, soziale und ökonomische Entwicklungen.

3.4.1 Entwicklung privater Justizvollzugsanstalten in Australien

3.4.1.1 Beförderung für die Privatisierung

Die wichtigsten Faktoren, die aus der Sicht der Regierung in Richtung Privatisierung des Strafvollzugs dringlich sind, sind: (1) Anstaltsüberbelegung, (2) hohe Vollzugskosten, (3) Bedürfnis nach wirkungsvollen Programmen für die Gefangenen und (4) Besorgnis über die Befugnisse der Vollzugsbeamten. Diese

222 Er stellte aber fest, dass Einsatz der privaten Justizvollzugsanstalt nicht keine Erfolgsgarantie war.

223 Bromley, S. 37.

224 http://www.poauk.org.uk/campaign_speech.htm.

225 http: //www.reform.co.uk/website/crime/abetterway/privatesectorprisons.aspx.

226 Nossal/Wood, S. 6f.

Faktoren sind bei der Privatisierung im Strafvollzug sind schwer ins Gewicht gefallen.[227]

Der Bericht von J. J. Kennedy („Commission of Review into Corrective Services in Queensland") schlägt vor, dass eine Justizvollzugsanstalt unter der Aufsicht der Justiz durch Privatunternehmen auf vertraglicher Grundlage geführt und betrieben werden sollte.[228] Es wurde zum ersten Mal in Australien eine Idee gefördert, die eine Änderung des privaten Bereiches und eine Verbesserung im Strafvollzug anregen könnte. Der Bericht von Kennedy war der erste Schritt in Richtung einer Privatisierung des Strafvollzugsbereiches in Australien. Im Jahr 1988 wurde eine umfangreiche Bewertung des Strafvollzugsdiensts durch J.J. Kennedy vorgenommen. Kennedy schlägt ein Konzept für die Verbesserung des Strafvollzugs vor,[229] das zuerst von der Regierung in Queensland mit der Unterstützung der politischen Parteien angenommen wird.[230] Die Regierung von Queensland hat den Kennedy-Bericht zur Privatisierung des Strafvollzugs als einen neuen Weg für das Strafvollzugsystem angenommen. Die Regierung bot an, durch einen Vertrag mit dem Unternehmen Corrections Corporation of Australia (CCA) dieses zuerst zuzulassen.[231]

3.4.1.2 Historische Überblick über die Entwicklung privater Justizvollzugsanstalten

Die erste private Justizvollzugsanstalt in Australien wurde im Januar 1990 in Borallen durch die Queensland Corrective Services Commission (QCSC) und das Privatunternehmen Corrections Corporation of Australia (CCA) in Betrieb genommen. Im Jahr 1993 wurde die zweite private Anstalt in Arther Gorrie Correctional eröffnet. Diese übernahm die Haft- und die Unterbringungsfunktion. Die Privatunternehmen konnten eine bessere Servicequalität zur Verfügung stellen

227 Harding, Private Prison in Australia, S. 2f.

228 Moyle, S. 9ff.

229 Der Kennedy-Bericht führt die folgenden Gründe zur Privatisierung des Strafvollzugs an: (1) Entdecken von geeignetem Personal, (2) Verbesserung der beruflichen Perspektive von Strafvollzugsbeamten, (3) Schaffung von Wettbewerb, (4) Erhöhung der Flexibilität des Strafvollzugs und (5) Qualifizierung des Vollzugsdiensts.; (vgl. Macionis/Millican, S. 19f)

230 Die Liberal/National Party unterstützt die Privatisierung der Justizvollzugsanstalt. (vgl. Moyle, S. 62ff.)

231 Harding, Private Prisons in Australia, S. 2f.

und waren in anderen Bundesländern auch einflussreich.[232] Die dritte private Anstalt, das Junee Correctional Center wurde im März 1993 in Auftrag gegeben. Es wurde durch das Privatunternehmen Australia Correctional Management (ACM) in Betrieb genommen.[233]

In fünf Bundesstaaten Australiens sind insgesamt sieben private Justizvollzugsanstalten in Betrieb, und zwar zwei in Queensland, zwei in Victoria und je eine in New South Wales, South Australia und Western Australia.

Seit einigen Jahren sind private Justizvollzugsanstalten zum integralen Träger der Entwicklungsfähigkeit des Strafvollzugs geworden. Andere Formen der Strafvollzugsdienstleistungen, wie die Inhaftierung illegaler Immigranten, der Gefangenenbegleitdienst und die Gerichtssicherheit, wurden auch nach und nach privatisiert.[234]

3.4.2 Überblick über die Bundesländer

In Australien wurde die Privatisierung des Strafvollzugs in allen Bundesstaaten unterschiedlich entwickelt. Aus diesem Grund wird in diesem Abschnitt die Entwicklung der privaten Justizvollzugsanstalten für die einzelnen Bundesstaaten separat dargestellt.

3.4.2.1 Queensland

3.4.2.1.1 Entwicklung der privaten Justizvollzugsanstalten

Nachdem die QCSC den Bericht von Kennedy angenommen hat, wurde die Entscheidung für die Privatisierung durch das Community Corrections Board unter den Vorschriften des Corrective Service Act 1988 getroffen: Die Regierung errichtet und besitzt die Strafanstalten, diese werden aber von privaten Unternehmen angemietet und betrieben.[235] Es bestand die Hoffnung, dass der private Anstaltsbetreiber verbesserte Rehabilitations- und Strafvollzugsanstaltsprogramme anbieten könne.

232 Moyle, S. 14f.

233 Moyle, S. 15f.

234 Harding, Private Prisons in Australia: The second phase, S. 1ff.

235 Roth, Privatisation of Prisons, S. 10f.

3.4.2.1.2 Gründe für eine private Justizvollzugsanstalt

Queensland war der erste Bundesstaat in Australien, der mit der Privatisierung des Strafvollzugs experimentierte.[236] Aus den folgenden vier wesentlichen Gründen wurde in Queensland die Privatisierung der Strafanstalten eingeführt. Erstens führte die Einführung einer Konkurrenzsituation zwischen privatem und staatlichem Dienst zu guten Leistungen. Der zweite Grund war die Reduktion der Betriebskosten. Der dritte Grund war das Bedürfnis nach kultureller und sittlicher Änderung im Betrieb der Strafanstalt. Schließlich konnte viertens durch die Privatisierung die Verbesserung des Strafvollzugssystems in Queensland unterstützt werden.[237]

3.4.2.1.3 Zum Stand der Privatisierung der Justizvollzugsanstalt

In Queensland gibt es zwei private Justizvollzugsanstalten. Die eine, Barallon Correctional Centre, brachte die meisten leichten Häftlinge unter, jedoch nach einem Betriebsjahr wurden die mittelschweren Häftlinge mit nur 10% leichten Häftlinge zusammen untergebracht.[238] Die andere, Arther Gorrie Centre, ist ein komplizierter Betrieb wegen der unterschiedlichen Gefangenendurchmischung mit unterschiedlichen Stufen des Schutzes, die eine Trennung und ein spezielles Management erfordern.[239] Somit wurden in Queensland zwei von elf Justizvollzugsanstalten und fünf von sieben Gemeindestrafvollzuganstalten[240] durch private Betreiber in Betrieb genommen. Die Regierung in Queensland erwartet mit der Privatisierung eine Verantwortlichkeit und ein geordnetes Verfahren im Strafvollzug nicht aufgrund eines ökonomischen Rationalismus, sondern um Gerechtigkeit, Anstand und Zweckmäßigkeit in der Politik hinsichtlich der Justizvollzugsanstalten festzusetzen und zu verbessern.

3.4.2.2 New South Wales

Der Strafvollzug in New South Wales war durch Betriebsstörungen und Todesfälle beim Aufsichtspersonal erheblich belastet worden. Die Privatisierung wurde

236 Macionis/Millican, S. 22f.
237 Macionis/Millican, S. 22ff.
238 Macionis/Millican, S. 19ff.
239 http://www.thegeogroupinc.com.au/Arthur.htm.
240 In der Gemeindestrafanstalt werden die Gefangenen untergebracht, die sich dem Ende ihrer Haftstrafe nähern. Die konnten in einer Gemeindestrafanstalt beim Mitmachen bei Programmen oder beim Freigang überwacht werden.

angestrebt, um die Probleme des unzulänglichen Diensts, den Mangel an Personal, der Ausbildung des Personals und die Notwendigkeit einer verbesserten Betriebspraxis zu lösen. Im November 1990 kündigte die Regierung an, eine neue Justizvollzugsanstalt in Junee zu errichten, und durch ein Privatunternehmen in Betrieb zu nehmen wäre.[241] Mit Entwicklungen der Privatisierung und dem Prison Amendmant Act 1990 wurde 1993 in Junee eine private Justizvollzugsanstalt geöffnet. Diese war die erste Justizvollzugsanstalt in Australien, die durch ein privates Unternehmen entworfen, errichtet und betrieben wurde.[242] Die Regierung überzeugte sich davon, dass das Privatunternehmen einen leistungsfähigeren und innovativen Betrieb den Gefangenen und dem Strafvollzugssystem zur Verfügung stellen konnten.

Das Junee Corrections Center ist stolz darauf, sein enges Verhältnis zur Gemeinschaft mit etlichen Tätigkeiten in der Gemeinde zu unterstützen. Es betreibt acht unterschiedliche Industrieprogramme, die den Gefangenen nach der Entlassung helfen können.[243]

3.4.2.3 Victoria

Die neue konservativ-liberale Regierung beendete die vorausgegangene Anti-Privatisierung und unterstützt stark die Privatisierung der Strafanstalten. Daher wurde der Contract Management Act 1993 eingeführt.[244] 1996 wurde in Deer Park eine private Frauenanstalt in Betrieb genommen. 1997 wurde in Fulham und in Port Philip je eine private Anstalt eröffnet. Im Oktober 2000 wurde die private Frauenanstalt in Deer Park aufgrund des schlechten Ergebnisses des Unternehmensbetriebs durch die Regierung geschlossen.[245]

3.4.2.4 South Australia

In South Australia entschied man sich dafür, eine Privatisierung vorzunehmen, obwohl das Correctional Service Bill 1994 vom Legislative Council abgelehnt wurde. 1995 hatte die Regierung mit dem Privatunternehmen Group 4 einen Vertrag zum privaten Betrieb der Strafanstalt in Mount Gambier geschossen, jedoch wurde diese aufgrund der Gesetzeslage nicht genehmigt. Aufgrund dieses Gesetzes sollte der

241 Roth, Privatisation of Prisons,, S. 13f.
242 http://www.thegeogroupinc.com.au/Junee.htm.
243 http://www.thegeogroupinc.com.au/Junee.htm.
244 Ashman, o.S.
245 http://www.abc.net.au/am/stories/s195379.htm; Roth, Privatisation of Prisons, S. 14f.

Privatunternehmer einen täglichen Bericht über die Justizvollzugsanstalt abliefern. Das Justizministerium behält einen Justizdirektor und zwei Personen im Aufsichtspersonal in der Anstalt von Mount Gambier.[246]

3.4.2.5 Western Australia

In Western Australia entschied man sich zuerst dafür, die staatlichen Strafanstalten zu reformieren und private Strafanstalt zuzulassen. Jedoch sprach sich die Regierung 1998 dafür aus, eine neue Strafanstalt durch ein Privatunternehmen zu errichten und betreiben zu lassen. Der Prison Act Amendment Act 1999 wurde erlassen und die Regierung schloss einen Vertrag mit einem Privatunternehmen zu Entwurf, Finanzierung, Errichtung und Betrieb der neuen Anstalt in Acasia. 2001 wurde damit in Western Australia die größte Anstalt durch ein privates Unternehmen in Betrieb genommen.[247]

3.5 Privatisierung der Justizvollzugsanstalt in Deutschland

3.5.1 Tendenz der gegenwärtigen Kriminalpolitik beim Strafvollzug

Derzeit reagiert die Kriminalpolitik auf soziale, kulturelle und ökonomische Veränderungen mit einer Entgrenzung des Strafrechts und des Strafvollzugs. Bisher hat sich der deutsche Strafvollzug mit der Kriminalpolitik und -wissenschaft bemüht, das Vollzugsziel, d.h., die „Resozialisierung", zu verwirklichen und den Schutz der Allgemeinheit zu gewährleisten. Jedoch ist es nicht einfach, in der Realität trotz der Anstrengungen des Staats erfolgreiche Ergebnisse zu erbringen. Es ist festzustellen, dass sich tatsächlich äußerst viel im Strafvollzug geändert hat, in Wahrheit beruhen diese Veränderungen jedoch meist auf anderen Gründen als auf der Verwirklichung des Resozialisierungsziels.[248]

Die Kriminalpolitik in Deutschland fordert heutzutage besonders die Theorie der Individualisierung, dass das Ziel der Kriminalpolitik nicht die Taten, sondern

---

246 http://www.corrections.sa.gov.au/prisons/mount_gambier_prison.htm.

247 Roth, Privatisation of Prisons, S. 15f.

248 Rotthaus, S. 25f.

die Täter, nicht Handlungen, sondern die Personen sein sollen.[249] Eine aufgeklärte und aufklärende Kriminalpolitik, die den angemessenen Umgang mit den Rechtsbrechern in den Mittelpunkt stellt und sich um einen Ausgleich zwischen Täter sowie Opfer und Gesellschaft bemüht, tut sich schwer, mit dem herrschenden Zeitgeist der Neuzeit Schritt zu halten.[250] Hinzu kommt die Verwendung von Meditation, Strafe und Vergeltung bei der Regelung sozialer Konflikte. Außerdem wird heutige Kriminalpolitik auch immer mehr ökonomisiert. Bei der Kriminalpolitik mit Tendenzen zur Privatisierung der öffentlichen Staatsaufgaben geht es ebenfalls um ökonomische Effizienz. Die Privatisierung des Sanktionensystems lässt sich im Strafvollzug aufgrund der divergierenden kriminalpolitischen und kriminologischen in zwei Ausgangslagen bringen.[251] Beide Hauptausprägungen, die Kriminalpolitik über Restorative Justice und die ökonomische Kriminalpolitik sollen im Folgenden erläutert werden.

3.5.1.1 Restorative Justice im Strafvollzug

Mit der repressiven Tendenz in der Kriminalpolitik, die zu einer Verbesserung von Sicherheit und Schutz der Bevölkerung höhere Strafen fordert, geht eine stetige Erhöhung der Gefangenenanzahlen, die Verschärfung des Strafrechts sowie eine Zunahme der Straflust in der Bevölkerung einher. Das gemeinsame ideologische Fundament der Resozialisierung bezieht sich auf alle Mitglieder der Gesellschaft und damit auf die Straftäter als Teil der Gesellschaft.[252]

Die sogenannte Restorative Justice im Strafvollzug kann eine klare Basis für die Wiedereingliederung des Täters in die Gesellschaft darstellen. Um eine bessere Einsicht des Gefangenen zu ermöglichen, ist es notwendig, einen persönlichen Täter-Opfer-Ausgleich anzustreben. Bei den meisten Gefangenen mangelte es lediglich an wesentlichen materiellen, sozialen und psychischen Voraussetzungen für eine angepasste Lebensführung. Im Hinblick auf individuelle Behandlung, Beratung und Begleitung bei einzelnen Straftätern sollte ihre Anpassungsleistung und Integrationsfähigkeit an die normative Ordnung der Gesellschaft verbessert werd.[253] Vor allem sollte die seelische Prägung der Gefangenen während der

249 Schneider, Hans Joachim, S. 13.
250 Best, S. 137f.
251 Krahl, S. 481.
252 Anhorn, S. 117f.
253 Anhorn, S. 118.

Gefangenschaft aufgebrochen werden, weil eine innere Sühneleistung sich für eine bessere Resozialisierung und Rehabilitation eignen könne.

3.5.1.2 Ökonomische Kriminalpolitik

Die Kommerzialisierung des Strafvollzugs erscheint nicht mehr als Tabu. Die allgemeine Staatslehre thematisiert die Entwicklungslinien des modernen Staats. Keine Staatsaufgabe ist mehr sakrosankt, wenn die Vorschläge mehr Flexibilität, mehr Effizienz und mehr Ressourcen versprechen.[254]

Das Panoptikum, das wenige Aufsichtskräfte erforderte und auf Wirtschaftlichkeit angelegt war, kann man schon als einen Wegbereiter für die Ökonomisierung des Vollzugs bezeichnen. Forderungen der Politik und Gesellschaft zeigen, im Vollzug private ökonomische Modelle zu erproben und gleichzeitig die inneren Sicherheitsprofile zu schärfen. Auf diese Weise wird der Versuch unternommen, dem klassischen kriminalpolitischen Spannungsbogen zwischen der Hilfe, Kontrolle und Fiskalpolitik eine neue Orientierung zugunsten der sicherheitsbewussten und wirtschaftlich-vertretbaren Verhältnisse zu schaffen.[255] Damit wird eine ökonomische strukturierte Grundhaltung geschaffen. Die neue Orientierung der ökonomischen Theorie beeinflusst die Kriminalpolitik mit dem Motto „Mehr Sicherheit – weniger Kosten!“ in nachhaltiger Weise.[256]

Mit dieser ökonomisierten und sicherheitsrelevanten Strategie wird die Privatisierung in diesem Bereich des Strafvollzugs als eine neue Kriminalpolitik dargestellt, die einen schlanken, sicherheitsorientierten und humanen Vollzug gewährleisten soll, der sich am Kosten-Nutzen-Modell[257] orientiert.[258] Dies führt zu Einsparungen und soll somit den Staat entlasten und ihn aus seinen Haushaltszwängen befreien. Eine theoretische und empirische Analyse soll die Notwendigkeit erheblicher und eventueller Finanzierungskostenvorteile privatwirtschaftlicher Arrangements zeigen.

---

254 Jung, Zur Privatisierung des Strafrechts, S. 72f.; Coester/Bannenberg/Rössner, S. 105ff.

255 Best, S. 137.

256 Walter, Strafvollzug, S. 31f.

257 „Im Kosten-Nutzen-Modell wird das Hilfeverhalten von Beobachtern einer Notsituation mithilfe der Annahme von faktischen und kognitiven Kosten und Nutzen der jeweiligen Handlung erklärt. Das Modell von Piliavin bezieht sich auf das Verhalten in Notsituationen.“ (Wiswede, S. 232)

258 „Kriminalpolitik in Europa wird zunehmend selbst zur Krisenwirtschaft umgeformt und befindet sich zwischen Humanisierung, Effektivität, Rechtsstaatlichkeit und dem rationalen Rechtsraum.“ (Best, S. 139)

Um die Vollzugskosten zu sparen, kann die ökonomische Kriminalpolitik heute beim Strafvollzugsbereich aktive und verschiedene Variante einführen und organisieren. Jedoch verlangt das Resozialisierungsziel die Mitwirkung der Human- und Sozialwissenschaftler, die aufzeigen sollen, auf welche kostenintensiven Stellen verzichtet werden kann.[259]

3.5.1.3 Privatisierung in der Strafrechtspflege als neue Kriminalpolitik

Die Verhinderung von Straftaten, die Bestrafung der Täter und Hilfe für die Opfer sind allgemein wichtige Aufgabe des Staats. Jedoch aufgrund der grundsätzlich verbesserungswürdigen Situation auf dem Gebiet des Strafvollzugs stehen hier Maßnahmen an, die ergriffen werden müssen. Die fiskalpolitischen Überlegungen und die Überregulierung des staatlichen Handels haben den Staat dazu bewogen, den Rückzug anzutreten und auf Effizienz, Innovation und Kostenersparnis privater Marktanbieter zu setzen.[260] Die Beteiligung privaten Personals betrifft schon heute einige Aufgaben im System der Kriminalitätskontrolle, z. B. werden Aufgaben der Gerichte, der Staatsanwaltschaften sowie der Polizeidienste und anderen Feldern der Strafrechtpflege von Privatunternehmen wahrgenommen.[261]

Der Strafvollzug in Deutschland hat sich durch die ökonomisch ausgerichtete Kriminalpolitik und die angloamerikanischen Erfahrungen bei der Privatisierung von Justizvollzugsanstalten verändert. Auch in Frankreich ist eine Privatisierung mit Ausnahme von Leitungspositionen und Aufsichtspersonal zulässig.[262] Darüber hinaus führten die Planung und der Bau durch private Betreiber zu Einsparungen von rund 25% gegenüber staatlich durchgeführten Projekten in Frankreich.

Die Kernfrage in Deutschland ist, ob eine Voll- bzw. eine Teilprivatisierung des Strafvollzugs rechtlich zulässig ist und in welchem Umfang auch die Zwangsbefugnisse auf private Unternehmen übertragen werden können. Der Privatisierung der Strafvollzuganstalten in Deutschland sind nach dem Grundgesetz Grenzen

---

259 Best, S. 138; Walter, Strafvollzug, S. 32f.

260 Meyer, S. 272f.

261 Dessecker, S. 13f.

262 Frankreich hat mit dem Gesetz Nr. 87–432 vom Juni 1987 die Grundlage für eine stärkere, zugleich freiwillig begrenzte Beteiligung Privater im Strafvollzug geschaffen, (Jung, Paradigmenwechsel im Strafvollzug?, S. 378f.); 1986 war in Frankreich das „Programm 13.000“ aufgelegt worden, mit dem 25 privat betriebene Gefängnisse geschaffen werden sollten. Jedoch hatte sich aber starker politischer Widerstand geregt, so dass es nur zur Teilprivatisierung kam.

gesetzt. Die Privatisierungsdebatte erstreckt sich auf den Kernbereich staatlicher Aufgabenwahrnehmung im Strafvollzug. Nach deutschem Recht sind hoheitsrechtliche Eingriffe dem Staat vorbehalten. Hoheitsrechtliche Aufgaben, die mit Eingriffsbefugnissen in Freiheitsrechte verbunden sind, müssen in staatlicher Hand bleiben und dürfen nicht auf privates Personal übertragen werden.[263] Hoheitsrechtliche Aufgaben im Strafvollzug können nur ausnahmsweise von privaten Vertragspartnern ausgeübt werden. Die herrschende Meinung schließt jedoch eine vollständige Privatisierung einzelner Justizvollzugsanstalten aus. Aus diesem Grund hat die Regierung in Deutschland ein Modell der wirtschaftlichen Theorie aus den USA für staatliche Verwaltungen vorgestellt, um so den Inhalt und die Konturen des deutschen Staatsverhältnisses zu wahren.[264] Besonderes Kennzeichen der angebotenen, amerikanischen Vorbilder ist die Einheit des Rechtssystems und privaten Unternehmerengagements, sogenannte Public-Private-Partnerships (PPP).[265]

3.5.1.4 Teilprivatisierung durch Public-Private-Partnership (PPP)

3.5.1.4.1 Public-Private-Partnership als Teilprivatisierung

Public-Private-Partnership soll in Bezug auf eine Neudefinition der Qualität des staatlichen Handelns zur Modernisierung des staatlichen Sektors beitragen. PPP wird also als Beziehung für Kooperationen verwendet, die für eine relativ neuartige Organisationsform der Zusammenarbeit zur Wahrnehmung staatlicher Aufgaben stehen.[266] PPP ist bisher noch ein sehr heterogener Begriff für vielschichtige Kooperationsformen zwischen den privaten Untermnehmen einerseits und dem Staat und der Verwaltung andererseits.[267]

Der Begriff bezweckt mittlerweile im Wesentlichen die Übertragung der Dienste auf private Unternehmen.[268] Die Public Private Partnership- Modelle zeigen sich im Bereich der staatlichen Sicherheit bereits an den vielschichtigen

---

263 Päckert, S. 15.

264 „Das Thema Public Private Partnerships für Unternehmen und öffentliche Aufgabeträger in Deutschland stellt noch weitgehend Neuland dar, weil es bis zur deutschen Wiedervereinigung keine größere Aufmerksamkeit erregte.“ (Pirnay, S. 11)

265 Peter Best, S. 143.

266 Modellformen der PPP sind folgende fünf Typen zu unterscheiden: Betriebsführungsmodell, Betreibermodell, Konzessionsmodell, Leasingmodell und Kooperationsmodell.

267 Budäus, S. 84.

268 Heinz, S. 6ff.; Höftmann, S. 33f.

speziellen Formen zwischen Staat und privaten Unternehmen.[269] Tatsächlich beleuchtet das Konzept der Teilprivatisierung und der PPP eigentlich die gleiche Art und Weise, nämlich die Einbeziehung privater Unternehmen in die Erfüllung öffentlicher Aufgaben. Der Nutzen von PPP liegt darin, dass die öffentliche Hand ihre Einflussnahme auf die Partnerschaft und damit die Erfüllung der öffentlichen Aufgabe nicht vollständig aus der Hand geben muss. PPP stellt einerseits im Vergleich zur Privatisierung nur einen Teilbereich des Privatisierungsbegriffes dar und geht andererseits darüber hinaus. Aus diesem Grund kann PPP als eine Variante der Teilprivatisierung bezeichnet werden. In der heutigen PPP-Praxis in Deutschland[270] streben die Städte (Bundesländer) eine Kooperation mit den privaten Minderheitsgesellschaftern an. Sie wollen das *Know-how* der Privaten zur Optimierung der öffentlich-rechtlichen Aufgabenerfüllung nutzen und zudem eine betriebs- und finanzwirtschaftliche Verbesserung erreichen.[271] Aus diesem Grund kann man feststellen, dass PPP überwiegend für eine besondere Art der funktionalen Privatisierung steht.

3.5.1.4.2 Privatisierung in Bundesländern durch PPP

Alle Privatisierungsmodelle im deutschen Strafvollzug beziehen sich auf abgrenzbare Teilbereiche des Strafvollzugs mit rechtlicher Begründung. Deshalb haben einige Bundesländer einen Entwurf als ein Modell der PPP für den Staat als Partner und zum Zweck einer Kooperation zwischen Staat und dem privaten Betreiber entwickelt. Ein solches Beispiel zum privat betriebenen Gefängnis ist in Großbritannien als Private-Finanzierung-Initiativen-Projekt[272] realisiert worden.[273]

1996 wurde in Deutschland eine Justizvollzugsanstalt in Mecklenburg-Vorpommern (JVA Waldeck) und eine Untersuchungshaft in Berlin von Planung und Bau bis hin zur schlüsselfertigen Übergabe von einen privaten Träger durchgeführt.[274] In Nordrhein-Westfalen wurde eine Abschiebehaftanstalt für ausländische Gefangene

---

269 Brauser-Jung/Lange, S. 162.

270 Insgesamt wurden in Deutschland im Jahr 2006 17 PPP-Projekte beschlossen und 140 weitere Kooperationen sind unterwegs. (http://www.spiegel.de 31.01.2007)

271 Pirnay, S. 12.

272 Das Programm der privaten Finanzierung (Private Finance Initiative) wurde nach dem Konzept der späten 1980er Jahre von einer Unternehmensberatungsfirma der konservativen Regierung mundgerecht gemacht. (Smartt, S. 270.)

273 In Großbritannien wurde alles getan, der Übertragung von Dienstleistungen vom staatlichen Sektor auf den privaten Sektor in Form von Privaten-Finanzierungs-Initiativen-Projekten finanzielle Hemmnisse aus dem Weg zu räumen.

274 Flügge, S. 261.; Laubenthal, S. 20f.; Smartt, S. 270.

teilweise privatisiert.[275] Mit PPP ersetzt ein solcher staatlicher Strafvollzug das Problem finanzieller Engpässe und es entsteht ein neues Modell für eine Strafanstalt. Durch die Zusammenarbeit zwischen dem Staat und dem privaten Betreiber findet die Privatisierung in den verschiedenen Bereichen der Strafrechtspflege statt, besonders auch bei der Vollstreckung kriminalrechtlicher Sanktionen.[276] Seit Jahren gibt es viele konkrete Beispiele für eine Privatisierung der Maßnahmen der Strafvollstreckung[277] bzw. Straffälligenhilfe durch die Übertragung auf private Unternehmen.[278] Zum Beispiel werden die Aufgaben wie der Täter-Opfer-Ausgleich, die Strafentlassenenhilfe sowie die gemeinnützige Arbeit zur Abwendung der Ersatzfreiheitsstrafen teilweise auf private Unternehmen übertragen. In Bayern wurde besonders die gemeinnützige Arbeit zur Abwendung der Ersatzfreiheitsstrafen nicht auf die Profit-, sondern die Non-Profit-Unternehmen (gemeinnützige Vereine) übertragen. Eine Privatisierung von Teilen des Strafvollzugs ergibt sich nicht einseitig durch einen der beiden Partner, sondern durch die spezielle Ausrichtung und Gestaltung einer vertraglich fixierten Partnerschaft beider Betreiber.[279] In diesem Fall ist die Teilprivatisierung durch die Zusammenarbeit zwischen dem Staat und dem privaten Betreiber nicht nur wegen der Kosten entstanden, sondern auch für etwas besseres, nämlich zur Resozialisierung. Sie kann ihre guten Seiten haben, indem die Gefangenen somit vielleicht eine bessere Chance bekommen, sich erfolgreich für ihr eigenes Leben einzusetzen.

3.5.1.4.3 Ein Projekt zur Teilprivatisierung der Justizvollzugsanstalt

Eine völlige Privatisierung in Deutschland wäre ohne Gesetzesänderung gar nicht möglich. Der Strafvollzug gehört zum Kernbereich staatlicher Aufgabenwahrnehmung und ist eine sensible Materie, weil er beträchtlich in die Grundrechte der Inhaftierten eingreift. Er ist bislang ein klassischer Anwendungsbereich hoheitsrechtlich eingreifender Staatstätigkeit.[280]

Zwar ist eine Privatisierung des überbelegten Strafvollzugs gesetzlich nicht möglich, jedoch hat das hessische Justizministerium nach dem Modell der PPP bereits 1999 eine Arbeitsgruppe, die aus Politikern, Wissenschaftlern und Juristen zusammengesetzt ist, gebildet. Diese Gruppe wurde im Rahmen des

275 Vgl. Krahl, S. 486.
276 Dessecker, S. 14f.
277 http://www.neue-kriminalpolitik.nomos.de/fileadmin/nk/doc/NK_06_01.pdf.
278 Kawamura-Reindl, S. 14f.
279 Kawamura-Reindl, S. 14ff.
280 Stober, S. 2f.

„Modellprojekts zur Privatisierung im Strafvollzug“ damit beauftragt, die rechtlichen und tatsächlichen Rahmenbedingungen zu überprüfen.

Das Justizministerium in Hessen hat sich dafür entschieden, dass durch die PPP-Projekte eine Privatisierung im Strafvollzug umsichtig eingerichtet werden muss. Andere Bundesländer haben ebenfalls vor, mit PPP-Projekten durch private Kapitalquellen und externen Sachverstand offenbar gewordene finanzielle und organisatorische Lücken zu füllen. Die Resozialisierung lässt sich auf der Grundlage einer Kooperation des Staats und der Gesellschaft erreichen. Davon betroffen sollen auch die Resozialisierungsmaßnahmen sein. Das erfordert eine bedarfsgerechtere Ausstattung des staatlichen und privaten Vollzugsdiensts mit qualifiziertem Personal hinsichtlich effektiverer Resozialisierungsmaßnahmen.

3.5.2 Das hessische Modellprojekt

3.5.2.1 Hintergründe und Ziele

Aufgrund der Notwendigkeit der Einrichtung neuer Haftplätze im Justizvollzug hat die hessische Landesregierung als Erste in Deutschland das politische Ziel formuliert, für eine neue Justizvollzugsanstalt die Planung, den Bau und den Betrieb teilweise auf private Unternehmen zu übertragen.[281] Im Hinblick auf die Situation der öffentlichen Haushalte ist auch die Justiz von Privatisierungstendenzen nicht befreit. Daher hat die hessische Landesregierung die Teilprivatisierung als einen ergänzenden und innovativen Weg zum Ziel einer besseren Aufgabenerfüllung erkannt.

In Hessen gibt es im Zusammenhang mit der Einrichtung der Justizvollzugsanstalten Erfahrungen mit Planungsabläufen, Kostenentwicklungen, Zeitverlusten und Problemen der Personalerschließung.[282] An die private Organisation der Bewältigung der vorgenannten Aufgaben sind positive Erwartungen in Bezug auf die Modernisierung und Effizienzsteigerung im Strafvollzug geknüpft. Außerdem hat die Vollzugsgestaltung sich an den beiden Zielen der Resozialisierung als auch der Sicherung zu orientieren. Das konkrete politische Ziel der teilprivatisierten

281 Die in Hessen 1999 eingesetzte Arbeitsgruppe „Einheitliches Strafvollzugskonzept“ hat im April 2001 ihren Abschlussbericht vorgelegt. Der Abschlussbericht basiert auf einer Bestandsaufnahme der Vollzugssituation in Hessen, vor allem einer umfassenden Erhebung und Analyse des aktuellen Gefangenenbestands. Hessisches Ministerium der Justiz, JVA Hünfeld.

282 Aumüller, S. 60f.

Justizvollzugsanstalt in Hessen ist, dass die neue Haftanstalt aus Kostengründen in Planung und Bau privatwirtschaftlich organisiert wird. Auch der Betrieb soll bis auf zwingende hoheitsrechtliche Aufgaben in privater Organisationsform erfolgen.[283]

Nach den Ausschreibungsergebnissen war gegenüber dem konventionellen Betrieb eine Einsparung in Höhe von ca. 660.000 Euro (15%) pro Jahr im Durchschnitt zu erwarten, und über 500 Haftplätze standen zur Verfügung. Vor diesem Hintergrund hat die hessische Landesregierung eine Entscheidung getroffen, eine neue Vollzugsanstalt durch private Unternehmen zu errichten. Hünfeld in der Nähe von Fulda wurde durch das Auswahlverfahren zum Standort gewählt. Vier Jahre lang hat die Planungs- und Bauzeit insgesamt gedauert. Am 8. November 2004 wurde der Betreibervertrag zwischen dem Land Hessen und der Firma SERCO GmbH[284] geschlossen. Unmittelbar nach dem Vertragsabschluss wurde die SERCO GmbH in die Planung und Organisation der neuen Justizvollzugsanstalt eingebunden. Nach einer etwas mehr als 2-jährigen Bauzeit konnte am 2. Januar 2006 der Betrieb zuerst mit 38 Gefangenen aufgenommen werden.[285]

3.5.2.2 Privatisierbarer Aufgabenbereich

Hiervon ist allerdings die Frage zu trennen, in welchem Umfang der Staat sich bei der Erfüllung seiner Aufgaben an einer nichtstaatlichen Einrichtung beteiligt. Der Schwerpunkt der Privatisierung im Strafvollzug liegt an der Bestimmung der Hoheitsrechtlichkeit einer Aufgabe. Nach Art. 33 Abs. 4 und 5 GG kann der sogenannte Kernbereich staatlicher Aufgaben im Strafvollzug nicht übertragen werden. Das bedeutet, dass die Gesamtverantwortung für die Anstalt wie auch die Verantwortung für die Sicherheit in staatlicher Hand bleiben soll. Hier hat das Land Hessen konsequent die staatlichen Kernaufgaben begrenzt und alle Dienstleistungen ohne Eingriffsbefugnisse gegenüber den Gefangenen auf die Kompetenz eines privaten

---

283 Vgl. Hessisches Ministerium der Justiz, JVA Hünfeld

284 Die Serco GmbH ist eine Tochtergesellschaft des weltweit agierenden britischen Konzerns Group plc. Hauptaufgabe der Firma Serco ist die Übernahme von öffentlichen Dienstleistungen. Die deutsche Serco nutzt dieses internationale Know-how in der Gestaltung von PPP-Projekten und gibt dieses Potenzial an ihre Kunden weiter. Bei den Partnern handelt es sich um Behörden, Institutionen und Unternehmen aus den Bereichen Justiz und Sicherheit, Schulen und Hochschulen, Gesundheit, Verkehr, Verteidigung, Luft- und Raumfahrt sowie Handel und Industrie. http://www.serco.de/.

285 Die Laufzeit des Vertrags wurde auf fünf Jahre zuerst festgelegt. (vgl. Päckert, S. 116)

Unternehmens übertragen. Dies sind die Bereiche Haus-, Versorgungs-, Betreuungs-, Behandlungs-, Bewachungs- und Kontrollmanagement, die im Folgenden auf die Privatisierungsmöglichkeit hin untersucht werden.

3.5.2.2.1 Hausmanagement

Das Hausmanagement beinhaltet die Instandhaltung, die Materialverwaltung sowie die Finanzverwaltung. Die Ausübung des Hausmanagements verletzt keine grundrechtlichen Schutzbereiche. Somit können die Aufgaben des Hausmanagements privatisiert werden. Durch die Privatisierung kann die Tätigkeit flexibler als sonst gestaltet und damit der Gefängnisbetrieb kostengünstiger gestaltet werden. Nach Angaben des Justizministeriums bleibt die Grundentscheidung zur Verfügbarkeit der Gelder, Gefangenen und der Erhebung der Haftkosten beim Staat.[286]

3.5.2.2.2 Versorgungsmanagement

In den Bereich der Versorgung fallen die Verpflegung, Bekleidung und Unterbringung der Gefangenen. Hier liegt kein Eingriff in die Grundrechte des Gefangenen vor. Die Versorgungstätigkeit steht in keinem direkten Zusammenhang mit den Rechten und Pflichten der Gefangenen.[287] Die Ausführung des Versorgungsbereiches ist keine hoheitsrechtliche Aufgabe, daher könnten diese Aufgaben auf das private Unternehmen übertragen werden. Jedoch bleibt die Entscheidung über den Gewahrsam der Gefangenen, die Ausnahmen bei der Bekleidung sowie Haftraumzuweisung in der staatlichen Hand.[288]

3.5.2.2.3 Betreuungsmanagement

Das Betreuungsmanagement trägt die Zuständigkeit für die Arbeit, Aus- und Weiterbildung, Freizeitgestaltung, Seelsorge sowie Beratung. In diesem Bereich können die Aufgaben gemäß § 155 StVollzG auf privates Personal bei einer staatlichen Justizvollzugsanstalt übertragen werden. Von der Resozialisierung lässt sich die Tätigkeit des Betreuungsmanagements für die Privatisierung herleiten. Aus der Sicht der Gefangenen kann diese Tätigkeit privatisiert werden, weil sie keine hoheitsrechtlichen, sondern spezifische Aufgaben sind. Allerdings verbleiben in der Hand des Staats die Arbeitszuweisung, die Einstufung in die Vergütungsgruppen, die Entscheidung über Zulassung bzw. Ausschluss von einer Aus- und Weiterbildungsmaßnahme sowie auch Maßnahme der Freizeitgestaltung, Entscheidung

286 Kunze, S. 319.
287 Roth, Privatisierungsmöglichkeiten im geschlossenen Strafvollzug, S. 38ff.
288 Kunze, S. 319f.

über den Ausschluss vom Gottesdienst, Gestaltung bzw. Beendigung der Teilnahme an einer Beratungsmaßnahme.[289]

3.5.2.2.4 Bewachung und Kontrolle

Die Aufgaben der Bewachung und Kontrolle gliedern sich grob in personen- und objektbezogene Maßnahmen in der Justizvollzugsanstalt und legen die Unterschiedlichkeit der verschiedenen Aufgaben bei hoheitsrechtlicher Ausgestaltung offen. Bei den personenbezogenen Bereichen handelt es sich besonders um die Tätigkeiten des Schließens der Zellen, der Beaufsichtigung und der Begleitung der Gefangenen.[290] Die Aufgabe ist vor allem als eine rein hoheitsrechtlich i. S. d. Art. 33 Abs. 4 bestimmt worden. Bei solchen Aufgaben ist die Anwesenheit der Personen mit den hoheitsrechtlichen Befugnissen nötig. Daher bleibt die Gesamtsteuerung und Überwachung der Dienstabläufe in staatlicher Hand. Jedoch können objektbezogene allgemeine Sicherungsmaßnahmen vom privaten Personal erbracht werden.

3.5.2.2.5 Behandlungsmanagement

Ein weiterer Bereich bei den Aufgaben im Strafvollzug ist die Behandlung der Strafgefangenen. Durch die Behandlung soll die Resozialisierung oder Rehabilitation für die Gefangenen als Vollzugsziel erreicht werden.[291] Die Behandlung stellt unter der Berücksichtigung der freiwilligen Mitwirkung kein Problem mit der grundrechtlichen Menschenwürde dar. Die Maßnahmen allgemeiner Art wie Ausbildung, Beratung und Unterricht können durch ein privates Unternehmen ergänzt werden. Jedoch sind alle weiteren Tätigkeiten im Bereich der Behandlung, des Aufnahmeverfahrens, der Vollzugsplanerstellung, Entscheidung über die Lockerungen oder Disziplinarmaßnahmen, Führung der Gefangenen wie auch die schriftlichen Stellungnahmen zur Entlassung nach der Bestimmung hoheitsrechtlicher Befugnisse gemäß Art. 33 Abs. 4 GG nicht zu privatisieren.[292] Daher sollen solche Tätigkeiten in der staatlichen Hand verbleiben.

---

289 Kunze, S. 320.

290 Roth, Privatisierungsmöglichkeiten im geschlossenen Strafvollzug, S. 51f.

291 § 2 StVollzG hat sich für die Priorität der sozialen Sicherung durch Ersatz-Sozialisation, für den Vorrang der Hilfe zur sozialen Integration oder Resozialisierung vor dem Prinzip der lokalen Sicherheit entschieden. (Calliess; Müller-Dietz, 2005, S. 2f.)

292 Kunze, S. 321.; Roth, Privatisierungsmöglichkeiten im geschlossenen Strafvollzug, S. 129.

3.5.2.3 Besonderheiten aus der JVA Hünfeld

3.5.2.3.1 Auswahl des Standortes und der Bau der JVA in Hünfeld

Nach der circa sechsmonatigen Durchführung eines Standortwettbewerbs aus sieben Städten, die dem Land ein Baugrundstück angeboten hatten, wurde die osthessische Stadt Hünfeld mit ca. 16.000 Einwohnern ausgewählt. Es bildeten sich Bürgerinitiativen für, aber auch gegen den Bau der Strafanstalt in Hünfeld. In einer Bürgerbefragung kam es zu einem Bürgerentscheid, in dem sich etwa 52% der beteiligten Bürger für den Bau der Anstalt in ihrer Stadt entschieden.[293] Dem Staat wurde unter anderem die Möglichkeit gegeben, dass die große Sporthalle der Anstalt auch von den Sportlern aus Hünfelder Sportvereinen genutzt werden durfte. Das Land Hessen beteiligte sich mit einem im Ausschreibungsverfahren ermittelten Generalunternehmer. Der Entwurf des Generalplaners[294] orientierte sich an der Vorgabe, eine kompakte und baukostenoptimierte Anstalt zu errichten, die personalsparende und wirtschaftliche Arbeitsabläufe ermöglicht und den strengsten Sicherheitsanforderungen Rechnung trägt.[295]

3.5.2.3.2 Aufnahme und Belegung der Gefangenen in der Anstalt

3.5.2.3.2.1 Umfang der Aufnahme

In der JVA Hünfeld werden nach dem geltenden Vollstreckungsplan für das Land Hessen männliche Strafgefangene mit einer Restvollzugszeit von mehr als 24 Monaten bis zu 60 Monaten Freiheitsstrafe ab der Rechtskraft des Urteils untergebracht, wenn diese sich erstmals im Vollzug unter Freiheitsentzug befinden. Andere Gefangenen, gegen die bereits zum wiederholten Mal eine Freiheitsstrafe vollzogen wird, werden bis zu einer Vollzugsdauer von drei Jahren ab der Rechtskraft des Urteils in Hünfeld aufgenommen. Aufgrund politischer Zusagen an die Stadt Hünfeld im Vorfeld der Einrichtung der Anstalt werden Sexualstraftäter und Straftäter, die einen versuchten oder vollendeten Tötungsdelikt begangen haben oder auf diese Weise vorbestraft sind, in der Hünfelder JVA nicht aufgenommen.[296]

---

293 Päckert, S. 117.

294 Päckert, S. 117.

295 http://osthessen-news.de/n1120303/h-nfeld-neue-justizvollzugsanstalt-bergeben---bundesweit-1-teilprivatisierte-jva.html.

296 Päckert, S. 120; Der teilprivatisierter Strafvollzug in der JVA Hünfeld ist wirtschaftliche Mogelpackung, http//:www.verdi.de, Ausgabe 02/08.

3.5.2.3.2.2 Belegung der Gefangenen

Die JVA Hünfeld sind circa 440 Gefangenen interniert worden. Aus der Behandlungsdifferenzierung wurde eine spezielle Abteilung für die sogenannten Erstverbüßer und eine Abteilung für jene Gefangenen, für die Vollzugslockerungen geeignet sind. Als sinnvoll erwies sich die Einrichtung einer Unterkunftsstation, in der die Gefangenen getrennt untergebracht werden können, die sich von anderen Mitgefangenen bedroht fühlen und unter dem negativen Einfluss von ihnen stehen.[297] Auffällig ist, dass der Ausländeranteil etwa 40% beträgt, wobei darunter etwa 50 verschiedene Nationen vertreten sind.[298] 60% der Restgefangenen sind deutscher Staatsbürger, unter denen etwa 50% der Gefangenen aus den ehemaligen GUS-Staaten stammen.[299] Das Alter der in Hünfeld untergebrachten Gefangenen beträgt zwischen 21 und mehr als 70 Jahren. Das Durchschnittsalter liegt bei etwa 35 Jahren.

3.5.2.3.3 Personal

Die Aufgaben des privaten Betreibers werden von circa 95 Mitarbeitern der Firma Serco wahrgenommen. Die Tätigkeitsfelder und Aufgaben wurden in einem Leistungsverzeichnis als Vertragsbestandteil genau festgelegt. Die Mitarbeiterinnen und Mitarbeiter, die von der Firma Serco ausgewählt wurden, stammen zu etwa 80% aus Hünfeld oder der näheren Umgebung. Bei allen wurde eine ihrer Tätigkeit und ihrem Einsatzgebiet entsprechende berufliche Qualifikation vorausgesetzt. Daher erhielten alle neu eingestellten Beschäftigen des privaten Betreibers in einem Zeitraum von zwei Monaten eine vom Land Hessen organisierte Ausbildung[300], um sie auf die Besonderheiten ihrer Tätigkeit im Strafvollzug vorzubereiten. Das private Personal sollte gemeinsam mit den Bediensten des Landes Hessen an den im Bereich des Justizvollzugs angebotenen Fortbildungsveranstaltungen teilnehmen. Zusätzlich hat der private Betreiber die Möglichkeit, für seine Beschäftigten weitere Fortbildungsangebote zu unterbreiten, die ihm zur sachgerechten Bewältigung des jeweiligen Aufgabenspektrums sinnvoll oder notwendig erscheinen. Die Hälfte des privaten Personals besteht aus erfahrenen

---

297 Päckert, S. 120.

298 2007 beträgt ausländische Bevölkerung in Hessen etwa 12%, „Ausländische Bevölkerung in Hessen 1970 bis 2007", Hessische Statistik, Landesamt. 31.3.2008, www.hsl.de

299 So genannte Russlanddeutsche haben als Herkunftsland nicht nur Russland, sondern auch Kasachstan, Aserbeidschan, der Ukraine, Litauen, Lettland, Estland und andere.

300 Die Kosten für die Ausbildung trägt das Land Hessen.

Beamtinnen und Beamten mit den teilweise langjährigen Erfahrungen im hessischen Justizvollzug.[301]

3.5.2.3.4 Zusammenarbeit

Die Zusammenarbeit zwischen staatlichem und privatem Personal hat von Beginn des Betriebs an bis heute gut funktioniert. Dies macht sich nicht nur im gemeinsamen Dienst, sondern auch bei den Zusammenkünften auf gesellschaftlicher Ebene bemerkbar. Wenn es zu Konflikten kommt, die auf unterschiedlichen Zielsetzungen beruhen, müssen die privaten Werkmeister in den Arbeitsbetrieben darauf bedacht sein. Der private Dienstleiter und der staatliche Dienstleiter stimmen die einzelnen Arbeitsabläufe stets sorgfältig aufeinander ab und sollen die gemeinsamen Zielsetzungen dem jeweiligen Mitarbeiterstab immer wieder verdeutlichen und vermitteln.

Es ist sehr wichtig, dass alle Beteiligen zu jeder Zeit den im Strafvollzugsgesetz bestimmten Aufgaben des Vollzugs bewusst sind und diese Aufgaben nur durch gemeinsame Bemühungen erfüllt werden können. Die gemeinsame Arbeit muss vom Bewusstsein gemeinsamer Zielsetzungen, den steten Bemühungen um die Effizienzsteigerung und einer Erhöhung der Effektivität bei gleichzeitiger Bewahrung eines hohen Qualitätsstandards geprägt sein.

3.5.2.4 Ergebnis des Hünfelder Konzeptes

Eine Änderung der gesetzlichen Rahmenbedingungen ist nicht erforderlich, um die Effizienzvorteile im Betrieb der Justizvollzugsanstalt durch den Einsatz privater Betreiber nutzen zu können. Im Gegensatz zur Privatisierung ist eine Teilprivatisierung im Strafvollzug in Deutschland möglich. Durch die zum Teil privatisierte Strafanstalt in Hünfeld ist das Modell privatisierter Justizvollzugsanstalten wieder deutlicher in den Blickpunkt des öffentlichen Interesses geraten und wird in anderen Ländern als Vorbild angesehen. Besonders hat die aktive Öffentlichkeit sich auf das Verhältnis der Anstalt zu den Hünfelder Bürgern und der Region ausgewirkt und die Anstalt ist in das Stadtbild komplett integriert worden. Durch die Teilprivatisierung wollte die hessische Regierung ca. 15% der Betriebskosten reduzieren. Jedoch sieht die Realität anders aus. In der Tat ist nach den Angaben des hessischen Justizministeriums die privat betriebene Justizvollzugsanstalt im Vergleich teurer als die staatliche Anstalt JVA in Darmstadt.[302] Eine

301 Päckert, S. 123.
302 Schwerin; Hickmann.

Kostenreduzierung durch die Teilprivatisierung der JVA in Hünfeld ist im Vergleich zu den anderen hessischen staatlichen Justizvollzugsanstalten bisher noch nicht sicher festzustellen.

3.5.3 Zum Stand der Privatisierung der Justizvollzugsanstalt in den anderen Bundesländern

Gegenwärtig gibt es in Deutschland drei Justizvollzugsanstalten, an die im größeren Umfang privatisierte Leistungen vergeben wurden. Die Länder Sachsen-Anhalt und Baden-Württemberg haben die Teilprivatisierung einer Justizvollzugsanstalt im Rahmen eines PPP-Modells begonnen. Niedersachsen fordert auch von allen Justizvollzugsanstalten, mögliche Einsparungspotenziale zu überprüfen und, soweit die Möglichkeit besteht, auch durch Teilprivatisierung zu sparen. Bei den Argumenten, die sich ganz konkret auf die Privatisierung des Strafvollzugs oder seine Teile beziehen, stehen überwiegend die Kostenvorteile im Vordergrund.

Das PPP-Projekt JVA Burg in Sachsen-Anhalt ist ein Gemeinschaftsprojekt des Ministeriums für die Landesentwicklung und den Verkehr, des Ministeriums der Finanzen und des Ministeriums der Justiz.[303] Die neue Justizvollzugsanstalt Burg wurde am 9. Mai 2009 eröffnet. Im Rahmen des Teilbetriebs der allgemeinen Dienst- und Betriebsleistungen werden durch private Mitarbeiter unter Kontrolle von JVA-Bediensteten zahlreiche nicht-hoheitsrechtliche Hilfs-, Versorgungs- und Betreuungsaufgaben erfüllt. Der private Partner hat sich verpflichtet, die ordnungsgemäße Erfüllung seiner vertraglichen Pflichten zu gewährleisten.

Die neue Justizvollzugsanstalt Offenburg in Baden Württemberg wurde als multifunktionales Gebäude errichtet. Die JVA Offenburg wurde am 01. Juni 2009 mit einer Kapazität von 500 Haftplätzen eröffnet. Der private Investor übernimmt die bauliche Erstellung der Anstalt und ihre Finanzierung für die ersten zwanzig Jahre. Beim Betrieb der Anstalt wurde erstmals in Baden-Württemberg in großem Umfang ein privater Dienst verpflichtet. Der private Dienstleiter hat sich vertraglich verpflichtet, „mindestens 360 Gefangene in Arbeitsbetrieben, in der Arbeitstherapie sowie schulischer oder beruflicher Ausbildung zu beschäftigen. Damit kann auf der Basis der zu erwartenden Nachfrage jedem arbeits- oder ausbildungswilligen Gefangenen eine Beschäftigung angeboten werden."[304]

---

303 Kratz, S. 215.

304 Zitat, http://www.jva-offenburg.de/servlet/PB/menu/1157700/index.html.

Es ist anzumerken, dass der Auftragnehmer seine Dienstleistung immer im Auftrag des Staats erbringt und die Gesamtverantwortung für den Betrieb der Strafanstalt bei der Vollzugsbehörde verbleibt. Auch die maßgeblichen Sicherheitsaufgaben verbleiben in staatlicher Hand, so dass auch die innere Sicherheit insoweit immer gewährleistet ist.[305]

3.6 Zusammenfassung

Durch die Betrachtung der privaten Justizvollzugsanstalten in den USA, in Großbritannien und Australien kann man erkennen, dass die Privatisierung aufgrund ähnlicher politischer und wirtschaftlicher Strafvollzugsprobleme eingeführt wurde. In den USA, in Großbritannien und Australien hat sich ein Geschäft oder eine Industrie mit dem Strafvollzug entwickelt, wobei die Gewinne aus den Strafvollzugsdienstleistungen und dergleichen ständig das internationale Strafvollzugssystem beeinflussen. Auch stellen die drei Länder ein Modell für die unterschiedlichen Vor- und Nachteile beim Einsatz privater Unternehmen dar. Trotz aller Zweifel an der privaten Justizvollzugsanstalt haben bisherige Erfahrungen dazu geführt, dass private Unternehmen sich für die Übernahme weiterer Justizvollzugsanstalten bewerben und der Staat im Interesse einer besseren Bedienung des Strafvollzugssystems am Privatisierungsprogramm festhält. Der Betrieb der Justizvollzugsanstalt durch private Unternehmen wird langsam als Strategie im Bereich des Strafvollzugs etabliert und als Lösungsweg für eine neue Infrastruktur und die Bereitstellung von Dienstleistungen propagiert.

Man kann feststellen, dass das Modell der privaten Justizvollzugsanstalt in den USA in gewisser Weise einzigartig ist und eine neue Methode für die private Nutzung im Strafvollzug darstellt. Jedoch ist zu bezweifeln, ob das Vollzugsziel bzw. eine Resozialisierung der Gefangenen von einer privaten Justizvollzugsanstalt erreicht und die Kostensparung durch die Privatisierung des Strafvollzugs in dem erhofften Ausmaß überhaupt verwirklicht wird. Es scheint einerseits das riesige Privatisierungsexperiment der Justizvollzugsanstalten bisher kein großer Erfolg zu sein, aber anderseits wird der privaten Beteilung am Strafvollzugssystem große Aufmerksamkeit zuteil.

Für Deutschland ist der Weg der Privatisierung für die Strafvollzugsaufgaben bzw. die Justizvollzugsanstalt nicht einfach und vor allem auf Grundlage des geltenden Rechts ohne Änderung des Grundgesetzes grundsätzlich nicht zulässig,

305 Steindorfner, S. 208.

weil der Strafvollzug zum Kernbereich staatlicher Aufgabenwahrnehmung gehört und als solcher im Hinblick auf Art. 33 Abs. 4 und 5 GG nicht insgesamt privatisierungsfähig ist. Aus diesem Grund wurde in Deutschland im Rahmen des Gesetzes eine Teilprivatisierung mit dem PPP- Projekt entwickelt. Die Teilprivatisierung bedeutet, dass die Tätigkeiten der Privaten auf die Dienstleistungen im weiteren Sinn jedoch ohne hoheitsrechtliche Befugnisse gegenüber den Gefangenen begrenzt werden. „Alle hoheitsrechtlichen Vollzugsaufgaben, die Befugnisse gegenüber den Gefangenen, die Verantwortung für die Sicherheit, wie auch die Gesamtverantwortung verbleiben beim Staat.“[306] Um die Überschneidungen zwischen hoheitsrechtlichen und privaten Tätigkeiten zu vermeiden, bedarf es einer sorgfältigen Ausgestaltung der Arbeitsabläufe und ihrer tatsächlichen Durchführung in einer zum Teil privatisierten Justizvollzugsanstalt. Die zum Teil privatisierte Justizvollzugsanstalt wird als Mittel gesehen, den staatlichen Strafvollzug von den Dienstleistungen zu entlasten und eine bessere Umsetzung der Vollzugsziele zu schaffen. Es sind daher organisatorische Vorkehrungen getroffen worden, die nicht nur eine wirksame Anleitung und Kontrolle der privaten Unternehmen, sondern auch ein rechtzeitiges Eingreifen der Vollzugsbeamten für solche Vollzugssituationen sicherstellen können.

Ein freier Träger ist aufgrund seiner effektiveren und strafferen Organisation besser und schneller in der Lage, mit den fachlichen Konzepten auf vielfältige gesellschaftliche Veränderungen zu reagieren. Ein positiver Aspekt besteht darin, dass von privater Seite für die Wahrnehmung der Aufgaben wertvolles Know-how eingebracht werden kann. Darüber hinaus kann eine Innovation im Strafvollzugsbereich geschaffen werden, worin ein erheblicher Qualitätsgewinn liegt. Die Übertragung der Aufgaben auf einen privaten Anbieter und Unternehmer ist derzeit ein wesentlicher Schritt für die neue Entwicklung. Bei einer Privatisierung der Justizvollzugsanstalt wären die Strafgefangenen einem Risiko ausgesetzt, deshalb soll nicht nur für die ökonomische Effektivität in den Betrieben, sondern auch für eine bessere qualifizierte Behandlung bzw. Resozialisierung der Strafgefangenen gesorgt werden. Die bisherige Erfahrung spricht für eine Verbesserung der Situation der Gefangenen durch eine Konkurrenz zwischen staatlichen und privaten Betreibern der Strafanstalten. Darüber hinaus erscheint es im Augenblick noch als Chance, im Zuge der Privatisierungsbestrebungen eine Verbesserung für die Resozialisierung zu erreichen. Die Realisierung eines Resozialisierungsvollzugs ist mit einer privatisierten Justizvollzugsanstalt vereinbar. Weiterhin müssen kreative Ideen im Hinblick auf die konkrete Gestaltung der Resozialisierung

306 Krahl, S. 487.

eingebracht werden, die sich positiv auf die Qualität des Vollzugs auswirken, um die Vollzugsziele besser zu erfüllen. Allerdings sollte Ziel der Privatisierung nicht nur das Einsparen von Vollzugskosten sein, sondern auch eine Verbesserung der Bedingungen des Behandlungsvollzugs sein, vor allem wegen der Entspannung des Belegungssituation.

4. Die Rolle der Religion im Strafvollzug

Es gab bis zum Ende des Mittelalters kein geordnetes Strafvollzugssystem. Seit Alters her findet sich die Straf-Haft nicht nur im weltlichen Strafrecht, sondern auch im kirchlichen Bereich. Von Anfang an kümmerte sich die Kirche auf besondere Weise um die Strafgefangenen. Die Religion war im Strafvollzug in der Regel eine große Hilfe bei der Einrichtung und Aufrechterhaltung von Justizvollzugsanstalten. Aus diesem Grund wird in diesem Kapitel die Rolle und der Dienst der Kirche bzw. der christlichen Religion beim Strafvollzug für die Gefangenen untersucht.

4.1 Verhältnis zwischen der Kirche und dem Strafvollzug

Das Verhältnis von Kirche und Staat ist ein Sonderfall des Verhältnisses von Religion und Politik, das die Geschichte Europas stark bestimmt hat. Das Christentum prägte und beeinflusste Europa im Mittelalter in allen Lebensbereichen. Besonders hatten Staat und Kirche im Strafvollzug Auswirkung auf die Seelsorge der Gefangenen.

4.1.1 Strafverständnis zwischen der Kirche und dem Staat

Man könnte sich vorstellen, dass das kirchliche und das staatliche Strafverständnis aufgrund des unterschiedlichen Wesens des Staats und der Kirche erheblich voneinander abweichen. Die Kirche im Strafvollzug behält und behauptet ihr eigenes Menschenverständnis. Der Staat und die Kirche unterscheiden sich in der Sicht des Menschen als Sünder. Aufgrund innerer Wertungen entsteht eine spezifische kirchliche Sicht im Sinne der Strafe. Wenn der Staat die Verfehlungen als Ausnahme anzusehen hat, die eine Strafe notwendig machen, kennt die Kirche kraft ihres Menschenbildes den Menschen als einen potentiellen Sünder,

der einer Versöhnung bedarf.[307] Es ist eines ihrer Aufträge[308], den Sündern dieser Welt mitzuteilen, dass die vergeltende Gerechtigkeit des Gottes bereits gewirkt hat, weil Gott durch Leben und Sterben von Christus gesprochen hat, und somit der Weg für die Barmherzigkeit und Versöhnung für alle frei ist.[309] Der Dienst der Kirche soll den von ihr betreuten Menschen konkrete Wege durch diese Welt zeigen, indem sie sich in ihrem Bewusstsein an eine andere Welt adaptieren können.

4.1.2 Kirchliche Strafvollzugspraxis im Mittelalter

Im Mittelalter wuchs der Einfluss der Kirche auf das Strafrecht und den Strafvollzug. Die Entscheidung über die Schuld der Unschuld des Verbrechens wurde bewusst in die Hand Gottes gelegt.[310] Das gesamte soziale Leben war in die göttliche Ordnung eingebettet. In den ersten Jahrhunderten nach dem Zerfall des Weströmischen Reiches bestimmte hauptsächlich die Kirche das Strafrecht und den Strafvollzug. Die Kirche war in der Epoche des Mittelalters für ihren eigenen Lebensbereich und außerdem auch für das Strafrecht und den Strafvollzug verantwortlich. In den ersten Jahrhunderten nach Christus wurden straffällig gewordene Christen nach Möglichkeit aus dem staatlichen Strafvollzug herausgenommen, wenn sie sich einer öffentlichen Sinnesänderung unterziehen wollten. Später richtete die Kirche ihre eigenen Gefängnisse ein, zuerst in der Absicht, die Sinnesänderung der Gefangenen sicherzustellen bzw. über Haftlokale für straffällig gewordene Geistliche zu verfügen. In der Inquisitionszeit füllten sich diese Gefängnisse mit Laien.[311] Die Kirche übt indirekt noch immer einen starken Einfluss auf die staatliche Rechtspflege aus. Die Reformideen sind zuerst im kirchlichen Bereich aufgekommen, so z. B. der Besserungsgedanke im Rahmen des Strafvollzugs.[312]

Ab dem 4. Jahrhundert nach Christus wurden unsittliche Mönche und Nonnen in Klostergefängnissen untergebracht.[313] Der Zweck sollte darin bestehen, die Gefangenen durch Sinnesänderung zu bessern. Die Strafen waren vor allem

---

307 Eick-Wildgans, S. 33f.

308 Ich bin im Gefängnis gewesen, und ihr seid zu mir gekommen. (Matthäus 25,36)

309 Brandt, Die evangelische Strafgefangenenseelsorge, S. 258.

310 Mayer, S. 14.

311 Voigts, S. 113ff.

312 Foucault, S. 295.

313 Solbach, S. 32f.

körperliche Züchtigung und eine einseitige Ernährung durch Wasser und Brot. Aufgrund des kirchlichen Einflusses gab es nicht nur für die Geistlichen, sondern auch für die Laien entsprechende Gefängnisse.[314] Bis zur Erstarkung der weltlichen Staatsgewalt hatte die Kirche sogar die ausschließliche Strafgewalt in einigen Regionen, da weltliches Vergehen gleichzeitig auch Sünde im kirchlichen Sinne bedeutete. Die Kirche hatte jedoch unter dem Einfluss weltlicher Mächte Macht und Reichtum verloren und wurde dadurch ihren eigentlichen religiösen und seelischen Aufgaben nicht mehr gerecht. Durch die Trennung vom Staat kann die Kirche ihren eigentlichen Sinn als Vermittlerin von Religion und Glauben für die Menschheit verfolgen und sollte in der Gesellschaft klar abgegrenzt werden.

4.1.3 Kirchlicher Dienst in der Neuzeit

Die Reform des Gefängniswesens[315] durch die englischen Richter John Howard (1726–1790) und Elizabeth Fry (1780–1845) brachte eine Entwicklung hin zu menschenwürdiger Unterbringung im Strafvollzug. Außerdem sollte die Arbeit als Erziehungsmittel neben dem Unterricht gelten. Die christlich motivierte Bewegung zur Humanisierung des Strafvollzugs folgte dem Besserungsgedanken. Die Kirche hatte das Ziel, die Gefangenen zu erziehen und sie zu bessern. Es kam der Kirche darauf an, die Gefangenen seelisch zu stützen und sittlich zu fördern.[316] Insbesondere gehörte die Gefängnisseelsorge zum ursprünglich kirchlichen Dienst des Strafvollzugs in der Neuzeit. Die Kirche bietet Fortbildungen und Gottesdienste sowie qualifizierte Einzelgespräche und Gruppenarbeit für die Gefangenen an. Die Kirche will die Menschen in der Justizvollzugsanstalt darin unterstützen, ihre Persönlichkeit und ihre sozialen Beziehungen zu entwickeln, damit sie zu besseren Menschen werden. Schließlich bemühen sie sich darum, die Gefangenen durch den Glauben an Gott zu bessern.

---

314 Voigts, S. 114f.

315 „Die für die Gestaltung des deutschen Gefängniswesens relevanten Initiativen zur Gefängnisreformhaben ihren Ursprung in den religiös philanthropisch motivierten Bemühungen in Kreisen der englischen Quäker um die Verbesserung des Loses der Gefangenen“ (vgl. Brandt, Die evangelische Strafgefangenenseelsorge, S. 21)

316 Hess, S. 5ff.

4.2 Dienst der Kirche für die Gefangenen im Strafvollzug

Der Strafvollzug ist eine Folge des gesellschaftlichen Zustandes, an dem alle teilhaben, auch die Kirchen. Zum Gefangenendienst gehört auch, dass die Gemeinschaft zwischen der Gemeinde außerhalb der Justizvollzugsanstalt und der Gemeinde in der Justizvollzugsanstalt geachtet und gestärkt wird.[317]

4.2.1 Gründe des Diensts der Kirche im Strafvollzug

Alle rechtlichen Regelungen und Ausgestaltungen des kirchlichen Wirkens im staatlichen Strafvollzug müssen mit der herrschenden verfassungsrechtlichen Ordnung des Verhältnisses zwischen Staat und Kirche im Einklang stehen. Es findet sich die Regelung des Zusammenwirkens des Staats und der Kirche im Strafvollzug ebenso wie im Verfassungsrecht und im Strafvollzugsgesetz. Der Staat lässt den Dienst der Kirche in den Justizvollzugsanstalten zu, weil auch in der Justizvollzugsanstalt das Grundrecht der freien Religionsausübung Gültigkeit hat. Die Tätigkeit der Kirche im Strafvollzug dient dem Gefangenen, nicht dem Staat.

4.2.1.1 Grundgesetz

Die Gefangenen haben nach Art. 4 GG ein verfassungsmäßiges Recht auf religiöse Betreuung unter den Bedingungen, die der Anstaltszweck zulässt.[318] Aufgrund der Beschränkung seiner Bewegungsfreiheit ist der Strafgefangene nicht in der Lage, ohne Hilfe des Staats von seinem in Art. 4 Abs. 1 und 2 GG verankerten Grundrecht auf Religionsfreiheit unter den Bedingungen des Strafvollzugs Gebrauch zu machen.[319] Das Grundrecht der Religionsfreiheit ist das verfassungsrechtliche Fundament der in Art. 140 GG i.V.m. Art. 141 WRV garantierten öffentlichen Anstalt.

Art. 141 WRV lautet:

> „Soweit das Bedürfnis nach Gottesdienst und Seelsorge im Heer, in Krankenhäusern, Strafanstalten oder sonstigen öffentlichen Anstalt besteht, sind die

317 Strafe: Tor zur Versöhnung, S. 95ff.

318 Der Auftrag der Kirche im Gefängnis, S. 25ff.

319 Strodel, S. 25ff.

Religionsgesellschaften zur Vornahme religiöser Handlungen zuzulassen, wobei jeder Zwang fernzuhalten ist".

Unter der Geltung des Grundgesetzes hat Art. 141 WRV die Funktion, unter den besonderen Bedingungen des Strafvollzugs die Ausübung des fundamentalen Grundrechts der Religionsfreiheit zu ermöglichen. Das Grundrecht garantiert der Kirche eine glaubensbezogene Bestätigung in staatlichen Justizvollzugsanstalten. Durch Art. 141 WRV i.V.m. Art. 140 GG wird das Recht der jeweiligen Religionsgemeinschaften zur Vornahme religiöser Handlungen gewährleistet, und die religiösen Rechte der Strafgefangenen werden hinreichend durch Art. 4 Abs. 1 und 2 GG geschützt.[320]

Es geht bei der Sicherstellung der religiösen Versorgung in den Anstalten um die Aufrechterhaltung einer religiös-weltanschaulichen Betreuung des Gefangenen.[321] Nach dem Wortlaut des Art. 141 WRV beschränkt sich die staatliche Pflicht auf die reine Zulassung der Religions- und Weltanschauungsgemeinschaften im Strafvollzug. Der Staat hat sich nicht zur religiösen Neutralität verpflichtet, sondern zur staatlichen Toleranz, die die Förderung religiöser Angelegenheiten insoweit gestattet.[322] Der Artikel beinhaltet religiöse Handlungen in der Form des Gottesdiensts und der Seelsorge in der Justizvollzugsanstalt.

4.2.1.2 Strafvollzugsgesetz

Aus dem Strafvollzugsgesetz ergeben sich zwei Ansatzpunkte für die rechtliche Regelung und Tätigkeit der Strafgefangenenhilfe. Erstens repräsentiert das Personal für die Gefangenen ein Stück „Außenwelt". Insofern sind die Vorschriften einschlägig, die die Gemeinschaft des Gefangenen mit der Außenwelt regeln. Zweitens ist das Personal bei der Erfüllung seiner Aufgaben auf das Personal des Strafvollzugs angewiesen.[323]

Das StVollzG gewährleistet mit der Umsetzung des Art. 4 GG in den §§ 53, 54 und 157 StVollzG lediglich die rechtliche Sicherung und die personelle Realisierung des Rechts auf freie Religionsausübung. Daraus ergibt sich der Anspruch der Kirche, den Strafgefangenen eine Betreuung durch die in ihrem Auftrag tätigen Seelsorger anzubieten. § 154 StVollzG enthält den Grundsatz, dass alle im Strafvollzug Tätigen zusammenarbeiten und daran mitwirken, die Aufgaben des Vollzugs zu erfüllen.

---

320 Strodel, S. 27ff.

321 Eick-Wildgans, 104f.

322 Eick-Wildgans, 115ff.

323 Müller-Dietz, S. 119ff.

Die Vorschrift will angesichts der bisherigen Vollzugspraxis klarstellen, dass alle im Strafvollzug Tätigen sachlich und gleichwertig das Vollzugsziel i. S. d. § 2 StVollzG erreichen sollen, wenn sie auch funktional unterschiedliche Verantwortung tragen. Damit sind auch die Gefängnisseelsorger zur Zusammenarbeit und Mitwirkung an der Erreichung des Vollzugsziels verpflichtet.

4.2.1.2.1 Religiöse Betreuung durch einen Seelsorger

Nach § 53 StVollzG hat der Gefangene das Recht auf religiöse Betreuung durch einen Seelsorger seiner Religionsgemeinschaft. Auf seinem Wunsch hin ist er zu unterstützen, damit er mit einem Seelsorger seiner Religionsgemeinschaft in Verbindung treten kann. Es zählt nicht zu den Aufgaben der Vollzugsbehörde, eine Seelsorge durchzuführen; zugleich ist die Anstalt zur Zulassung religiöser Betreuung in der Institution verpflichtet.[324]

Die Vorschrift in § 157 StVollzG enthält auch eine Rahmenregelung, mit der sie die vollzugsorganisatorischen Voraussetzungen der Seelsorge gewährleisten will. Religiöse Betreuung beschränkt sich nicht nur auf die Handlungen kultischer Art, zum Beispiel Gottesdienst, sondern bezieht sich auch auf den Dienst am Menschen zur Lebensorientierung und Lebenshilfe.[325] In der Praxis bei der Justizvollzugsanstalt wird die Betreuung durch einen Seelsorger mit christlicher Religion aktiv betrieben.

4.2.1.2.2 Religiöse Veranstaltung

Nach § 54 StVollzG hat der Gefangene das Recht, am Gottesdienst[326] und anderen religiösen Veranstaltungen teilzunehmen, die von den Seelsorgern in der Justizvollzugsanstalt angeboten werden.[327] Das Recht auf Teilnahme umfasst dabei nicht nur die passive Anwesenheit als Zuhörer und Konsument der angebotenen Veranstaltungen, sondern auch die aktive Mitwirkung an der Planung, Vorbereitung und Durchführung der Gottesdienste und den anderen religiösen Veranstaltungen.[328] Religiöse Veranstaltungen sind nicht nur die als klassische

---

324 Laubenthal, S. 297.

325 Calliess/Müller-Dietz, 2005, S. 384f.; Laubenthal, S. 297.

326 „Die Definition des Gottesdienstes hängt von der jeweiligen Religionsgesellschaft ab, weil es dem Staat verwehrt ist, zu beurteilen, was Gottesdienst ist.“ (Eick-Wildgans, S. 111)

327 Laubenthal, S. 297f.

328 Calliess/Müller-Dietz, 2005, S. 386ff.

Aufgabe zu klassifizierenden Tätigkeiten, wie Gottesdienste und Andachten, sondern auch die sonstige Einzel- und Gruppenarbeit.[329]

4.2.1.3 Mission der Kirche für die Gefangenen in der Justizvollzugsanstalt

Die Kirche übt auch auf das gesellschaftliche Leben des Menschen einen großen Einfluss aus. Die Mission der Kirche besonders für die Menschen in der Anstalt lässt sich mit vielen Bibelstellen[330] belegen.

Die Idee des Christentums fordert, jenen zu helfen, die sich in körperlicher oder geistlicher Bedrängnis befinden.[331] Der Freiheitsentzug bringt die Sorge um die wirtschaftliche Existenzmöglichkeit in der Zukunft, die Sorge um die Ehre, Familie usw. mit sich. Zu den fundamentalen Aussagen der Bibel gehört ebenfalls, dass Gott den Menschen in seiner Schuld nicht allein lässt, dem Schuldigen seine Schuld vergibt und durch seine göttliche Liebe die innerliche Erkrankung heilt. Aus diesem Grund hat die Kirche sich mit der Liebe Gottes um die Gefangenen zu kümmern und soll die Nächstenliebe bei den Menschen in der Anstalt praktizieren. Die Kirchen fahren auch heute fort, dem Einzelnen die frohe Botschaft über das Evangelium zu verkünden, um gemäß ihrem Auftrag[332] handeln zu können. Sie ist auch aufgrund ihres Selbstverständnisses und ihres eigenen Auftrages verpflichtet, im Strafvollzug tätig zu werden.[333]

Die Kirche bringt insbesondere im Strafvollzug ihr Vertrauen in den Sinn des Lebens und der Geschichte zur Sprache. Viele Menschen in unserer heutigen

---

329 Eick-Wildgans, S. 154ff.

330 Matthäus 25,36, 1. Timotheus 2,4–5, 1. Korinther 12,24–26, Galater 6,1.

331 Hess, S. 2f.

332 „Für Jesus, der sich vom Vater gesandt weiß, den Gefangenen die Freiheit zu verkündigen (LK 4,18–19), ist es besonders wichtig, sich gerade ihnen zuzuwenden. Jesus schenkt seine Liebe, seine Sorge und sein Erbarmen den Armen, Kranken und Außenseitern. Beim Evangelisten Matthäus wird das Kriterium der Beurteilung der Menschen am Jüngsten Tag so formuliert: ‚Ich war im Gefängnis, und ihr habt mich besucht' (Mt 25,36). Christus verstärkt diese Aussage mit der Feststellung: ‚Was ihr für einen meiner geringsten Brüder getan habt, das habt ihr mir getan. Und was ihr für einen dieser Geringsten nicht getan habt, das habt ihr auch mir nicht getan' (Mt 25,40.45). Das Wort in der Rede vom Weltgericht ist Maßstab und Bezugspunkt für den Umgang mit Gefangnen in der christlichen Tradition von den Anfängen bis heute" (Der Auftrag der Kirche im Gefängnis, S. 41), http://www.dbk.de/fileadmin/redaktion/veroeffentlichungen/deutsche-bischoefe/DB84.pdf.

333 Eick-Wildgans, S. 43f.

Gesellschaft sind Christen. Sie sind aufgefordert, über die Straffälligkeit nachzudenken, an der Verbesserung des Strafvollzugs zu wirken, Informationen einzuholen und sie weiterzugeben sowie nach ihren Kräften einzelnen Straffälligen zu helfen.[334] Die Christen und die Kirche sollen sich um die Gefangenen kümmern, weil der helfende Umgang mit den straffälligen Mitbürgern eine Aufgabe der ganzen Kirche Gottes ist. Die christliche Hilfe nimmt den Gefangenen in seiner Würde als Menschen ernst und sieht ihn als eine eigenverantwortliche Persönlichkeit an.

4.2.2 Das christliche Wirken im Strafvollzug

Heutzutage beschreibt die Kirche immer neue und wirkungsvolle Wege, um den Gedanken des christlichen Miteinanders, der Tröstung und Hoffnung der Gefangenen nahe zu bringen. Die Kirchen bemühen sich mit verschiedenen Mitteln um die Rehabilitation des Gefangenen. In diesem Abschnitt wird über das kirchliche Wirken in der Praxis detailliert berichtet.

4.2.2.1 Gottesdienst

Das Abhalten eines Gottesdiensts in einer Justizvollzugsanstalt findet in unmittelbarem Zusammenhang mit dem Anstaltsbetrieb statt. Im Gottesdienst soll der Gefangene sich ausdrücklich nicht als Gefangener, sondern als ein Glied der Christengemeinde fühlen.[335]

Wenn die seelische Bereitschaft zum Anhören vorhanden ist, kann der Gottesdienst als eine Wohltat wirken und die Gefangenen bekehren. Wenn der einzelne Mensch die im Gottesdienst gewonnenen Erkenntnisse beherzigt und in seinem eigenen Leben anwendet, kann das Wirken des Geistlichen erfolgreich sein. Beim Gottesdienst muss vor allem in der Predigt auf die besondere psychische Konstitution der Gefangenen Rücksicht genommen werden.[336] Durch das Gotteswort wird dem Gefangenen geholfen, seine Schuldgefühle und seine Furchtsamkeit zu überwinden. Neben dem Gottesdienst ist in der Anstalt auch die Bibelstunde möglich.[337] Für viele Gefangene bietet sie die einzige Möglichkeit, außerhalb der Anstalt eine Gemeinschaft zu erleben. Der Gottesdienst, der die Gefangenen

334 Evangelische Kirche zum Strafvollzug, S. 22f.
335 Eick-Wildgans, S. 200f.
336 Hess, S. 73ff.
337 Voigts, S. 109.

für kurze Zeit aus dem Routinebetrieb der Anstalt herausnimmt, gewinnt seine spezielle emotionale Qualität. Hinzu kommt auch, dass mit der Hilfe der Bibelstunde die Gefangenen vielleicht einen Sinn und Grund sowie eine Richtung für ihr Leben finden können.

4.2.2.2 Seelsorge

Die Seelsorge im Strafvollzug bindet sich aktiv in das Engagement für eine sinnvolle und wertegebundene Gestaltung des Strafvollzugs ein und umfasst einen Teil des kirchlichen Auftrages der Seelsorge an die Welt.[338] Christliche Seelsorge verkündet die Vergebung der Sünden und Rechtfertigung des Sünders. „Seelsorge hat ihre Wurzel in der Glaubens- und Hoffnungsgeschichte der Kirche und kann allein durch ihre Anwesenheit in der Anstalt Freiräume der Vergewisserung und Reflexion über Sinn und Gestaltung des Vollzugs für alle Beteiligten schaffen."[339]

Die Einzelseelsorge bildet eine außerordentlich wichtige und notwendige Ergänzung der bisher geschilderten kirchlichen Tätigkeit für die Gefangenen und die Vollzugsdiensten. Es ist für die Gefangenen, die keine klare Orientierung und kein eigenes Wertesystem haben, sehr schwer, selbstständig einen eigenen Weg in das Leben zu finden. Das menschenwürdige und humane Einzelgespräch aus Liebe Gottes könnte den Gefangenen helfen, ein richtiges Leben zu führen. Die Vermittlung geistiger und ethischer Maßstäbe für die künftige Lebensführung der Gefangenen ist ein weiterer wichtiger Aufgabenschwerpunkt der Seelsorge im Strafvollzugsanstalt.

4.2.2.3 Sonstige Tätigkeiten

Am meisten trägt die Seelsorge der Kirchen zur Wiedergutmachung der Gefangenen bei. Außerdem führen die Kirchen Fortbildungen und Freizeiten für die Gefangenen, Bediensteten und Ehrenamtlichen durch. Mit der Entlassung endet der offizielle Aufgabenbereich der Kirche in der Justizvollzugsanstalt, jedoch eröffnet sich ein weiterer Bereich auf dem Gebiet der Straffälligenhilfe als Unterstützung ehemaliger Strafgefangenen im Anschluss an ihre Entlassung aus der Justizvollzugsanstalt.[340]

---

338 Schäfer, S. 35ff.

339 Der Auftrag der Kirche im Gefängnis, S. 29.

340 Eick-Wildgans, S. 207.

Der Schritt von der Inhaftierung zurück in das Leben in Freiheit ist mit einem hohen Rückfallrisiko behaftet. Die christliche Straffälligenhilfe setzt sich dafür ein, den Straffälligen in seiner Substanz als eigenverantwortliche Persönlichkeit in seiner Würde als Mensch ernst zu nehmen. Deshalb ist eine intensive und qualifizierte Unterstützung notwendig. Im diesem Sinne bemüht die Kirche sich auch um die innere und die soziale Stabilisierung der Entlassenen.[341]

4.2.3 Neue christliche Wirkung mit der Kriminalpolitik

Bevor in diesem Teil dem Einfluss der Religion auf den heutigen Strafvollzug nachgegangen wird, soll der Gedanke der Wiedergutmachung im Strafvollzug, der auf die heutige Kriminalpolitik einen großen Einfluss ausübt, kurz betrachtet werden. Im Zusammenhang mit der Wiederherstellung des Rechtsfriedens als Kriminalpolitik bemüht sich die Kirche immer aktiver um die Resozialisierung der Gefangenen.

4.2.3.1 Wiederherstellung des Rechtsfriedens als Kriminalpolitik

In den letzten Jahren hatte der Gedanke der Wiederherstellung des Rechtsfriedens keinen wesentlichen Einfluss auf den Strafvollzug. Mit der internationalen Reform der Kriminalpolitik hat jedoch die Wiederherstellung des Rechtsfriedens größere Bedeutung erlangt und den Strafvollzug beeinflusst.[342] Die Wiedergutmachung im Strafvollzug ist ein Beitrag zur Lösung der Probleme, in die das Opfer, der Straftäter, seine soziale Gruppe und die Gesellschaft mit einbezogen worden sind.[343]

Mit dem Recht wird die mögliche Bedeutung der Wiedergutmachung im Zusammenhang mit dem Vollzug diskutiert. Die Wiedergutmachung hatte als restitutives Element des Rechts schon immer und in vielen Kulturen ihren festen Platz in der Kriminalpolitik. Am Anfang der 1980er Jahre wurde die Idee der Wiedergutmachung erneut aufgegriffen und in den letzten zwanzig Jahren in der Ausprägung

341 Brandt, Die evangelische Strafgefangenenseelsorge, S. 153.

342 Die in den 1960er und 1970er Jahren favorisierte Theorie der Spezialprävention durch Strafe, insbesondere in der Form der Resozialisierung des Täters, hat vor allem durch empirische Ergebnisse aus der Rückfallforschung an Boden verloren. (vgl. Kaiser/Schöch, S. 165ff.)

343 Batley/Dodd, S. 33f.

der Wiedergutmachung im Strafvollzug weitgehend programmatisch entwickelt.[344] Der Wiedergutmachungsgedanke ist zum wichtigsten Bestandteil der Reformbewegungen des Strafvollzugs für die Resozialisierung geworden. Seine Forderungen beziehen sich auf eine Abkehr von bürokratischen Verwaltungsstrukturen der Justiz hin zu privaten und kommunal geförderten Vereinen, die den Umgang mit der Kriminalität organisieren.[345]

4.2.3.2 Begriff der Wiedergutmachung

Der Begriff der Wiedergutmachung stellt die vom Täter für die Wiederherstellung des Rechtsfriedens zu erbringende Leistung in den Vordergrund. Bei dieser Leistung steht der Ausgleich der Folgen der Tat durch den persönlich-konstruktiven Einsatz des Täters im Vordergrund.[346]

Eine Reform könnte in der Wiedereinführung des Gedankens der Wiedergutmachung zwischen Täter und Opfer bestehen. In einer ersten Befragung der Vollzugsbediensteten und Gefangenen stehen insbesondere die Gefangenen der Idee positiv gegenüber. Die Vollzugsbediensteten wie auch die Inhaftierten sind davon überzeugt, dass die Wiedergutmachung im Strafvollzug sinnvoll sei. Das Ziel der Wiedergutmachung besteht darin, ein bedrohungsfreies Umfeld in der Gesellschaft zwischen Täter und Opfer zu schaffen.[347] Beim Strafvollzug kommen die Schadenswiedergutmachung und materielle Ersatzleistungen des Täters und des Täter-Opfer-Ausgleiches dazu.

4.2.3.3 Bewertung der Wiedergutmachung in der Praxis beim Strafvollzug

Die Wiedergutmachung kann sowohl in der Form der materiellen Schadenswiedergutmachung als auch in der Form eines Täter-Opfer-Ausgleiches die Resozialisierung gleichermaßen bewirken. Der Täter-Opfer-Ausgleich stellt einen Beitrag zur Integration der Straftäter dar. Dadurch, dass sie ein verursachtes Übel selbst tilgen und durch die Wiedergutmachung des Schadens gegenüber dem

---

344 1983 bildete sich auch innerhalb der Deutschen Bewährungshilfe e. V. der Arbeitskreis Täter-Opfer-Ausgleich, in dem sich eine Gruppe von Praktikern und Wissenschaftlern mit der Frage der Umsetzung einer opferbezogenen Strafrechtspflege beschäftigten. (vgl. Dölling, S. 98ff.)

345 Bauer, S. 15f.

346 Steffens, S. 12ff.

347 Dandurand/Griffiths, S. 8f.

Opfer nach einer Möglichkeit der Versöhnung suchen, werden stigmatisierende Ausgrenzungsprozesse der Straftäter und die damit verbundenen negativen Folgen für den Straftäter und die Gesellschaft vermieden.[348]

Jedoch ist es angesichts der positiven Ansätze in anderen Ländern[349] bedauerlich, dass in Deutschland ein Modellprojekt zur Erprobung der Wiedergutmachung im Strafvollzug noch aussteht. Im Zusammenhang mit dem Ziel des Vollzugs ist die Wiedergutmachung im Strafvollzug ein kriminalpolitisch sinnvolles Anliegen.[350]

4.2.3.4 Wiedergutmachung durch Privat

Die Forderung der Verfechter des Täter-Opfer-Ausgleichs in der Kriminalpolitik nach der Privatisierung staatlicher Operationalisierungsstrukturen in bürgernahen und vereinsorientierten Konfliktanlaufstellen mögen als logisch und sinnvoll erscheinen.[351] Ein Täter-Opfer-Ausgleich verspricht einen Erfolg, wenn der Täter durch die Sozialisierung als Abschreckung von weiteren Straftaten abgehalten wird und gleichzeitig das Opfer ein Interesse an der Aufarbeitung der Straftat besitzt. Dafür muss die Effizienz der Wiedergutmachung und Sozialisierung hoch sein. Eine private Verhandlung erhöht gegenüber den staatlichen Alternativen auch die Effektivität des Vollzugs der Strafe.[352] Auch ist der Wiedergutmachungsbereich im Strafvollzug durch private Unternehmen zu übernehmen, um die Wiedergutmachung bzw. den Täter-Opfer-Ausgleich praktisch effektiv zu gestalten. Man erhofft sich von der Wiedergutmachung im Strafvollzug eine verbesserte Einwirkung auf eine Resozialisierung der Gefangenen. In diesem Sinne wurde zum Beispiel ein christliches Strafvollzugsprogramm zur Förderung der Wiedergutmachung entwickelt.

---

348 Kawamura, S. 5; Johnstone, S. 1ff.

349 Ein Beispiel für die Erprobung einer Vollzugsgestaltung ist das Minnesota Restitution Center in den USA. In der Schweiz findet sich die Wiedergutmachung im Vollzug der Strafe. In der Justiz vollzugsanstalt Saxerriet Schweiz, einer offenen Haftanstalt, kooperieren Sozialarbeiter mit ehrenamtlichen Opferbetreuern und Schuldnerregulieren. In Frankreich wird eine Pauschalregelung zugunsten des Opfers im Bereich des Strafvollzugs praktiziert. (Kaspar, S. 87ff.; Dölling, S. 13ff.)

350 Kaspar, S. 88f.

351 Bauer, S. 65f.

352 Meyer Larsen, S. 208f.

4.2.4 Einfluss der Religion auf die Kriminalität

4.2.4.1 Religion für kriminales Verhalten

In der Zeitpanne von der Kindheit bis hinein in das Erwachsenenalter gibt es in den verschiedenen Bereichen des Lebens bei vielen Straftätern eine starke Kontinuität hinsichtlich des antisozialen Verhaltens. Kriminelles Verhalten ist das Ergebnis einer Interaktion zwischen bestimmten sozialen Außenweltfaktoren und ererbten Anlagen des zentralen Nvervensystems. Es kommt also auf die neurologische Beschaffenheit und die einzigartige Sozialisationsgeschichte des Individuums an.[353] „Mit der Zeit entwickelt sich langsam und unbemerkt eine kriminelle Persönlichkeit."[354] Die Persönlichkeit[355] entzieht sich der unmittelbaren Wahrnehmung und kann nur aus dem Verhalten erschlossen werden. Deshalb soll der Straftäter durch enge persönliche Gemeinschaft mit dem Vertrauensverhalten betreut werden.

Die Religionslehre konzentriert sich auf die Förderung prosozialer Wertvorstellung, der Moral sowie Vermittlung der Verantwortlichkeit und liefert einen sozialen Betreuungsverbund und eine Qualifikation, die insgesamt Verhaltens- und soziale Veränderungen wesentlich beeinflussen können. Im Zusammenhang mit einer Theorie der sozialen Kontrolle[356] beeinflusst die Religiosität die Bindung an die Gesellschaft und an andere Menschen mit dem Ziel der Entwicklung einer starken Gemeinschaft. Starke soziale Bindungen sind die Basis für den Wandel zur Konformität. Der Einfluss der Religion oder des Glaubens an Gott kann einen Wendepunkt im Leben des Gefangenen auslösen, der die oben beschriebene Kontinuität des antisozialen Verhaltens unterbricht oder zumindest abschwächt. Die Religion ist in der Lage, dem Gefangenen durch das Annehmen,

353 Schneider, Hans Joachim, Theorien der Kriminologie, S. 134.

354 Schneider, Hans Joachim, Theorien der Kriminologie, S. 150.

355 Eine biopsychologische Erklärung von Hans Jürgen Eysenck: „Die 'Persönlichkeit, ist nicht gleichbedeutend mit dem konkreten Verhalten in einer spezifischen Situation, sondern sie besteht aus dem bei jedem Menschen einzigartigen System von Handlungsbereitschaften, das das Verhalten in verschiedenen Situationen und zu verschiedene Zeitpunkten konsistent beeinflusst." (Meier, 2010, S. 45)

356 „Die von Hirschi 1969 vorgelegte Theorie stellt die Bindung des Einzelnen an die Gesellschaft in den Mittelpunkt. Nach Hirschi wird die Bindung durch vier Elemente geprägt: Bindung an andere Menschen, Verpflichtungsgefühl, Einbindung in konventionelle Aktivitäten und Glauben an die Verbindlichkeit moralischer Wertvorstellungen." (Meier, 2010, S. 65).

die Versöhnung und Vergebung zu helfen, um ihr kriminelles Verhalten zu bekämpfen und zu überwinden.

4.2.4.2 Religion und Restorative Justice

Weiterhin bezieht die Religion sich auf Restorative-Justice-Theorie von Richard Bevan Braithwaite[357], der behauptet, dass das Schamgefühl[358] in Bezug auf die Religion einen rehabilitierenden Effekt haben kann. Die Religion kann die Einzelpersonen über die kriminelle Denkweise der Verweigerung, Veräußerungsfähigkeit und Minimierung hinaus absetzen und ihnen kommt die Verantwortlichkeit für ihr Verbrechen hinzu, um es zu akzeptieren.

Die Wiedergutmachung beruht weniger auf der Strafe, sondern auf der Versöhnung, um die Notwendigkeit des wiedereingliederten Straftäters hinzuweisen. In diesem Sinne kann die christliche Religion die Wiedergutmachung des Strafgefangenen beeinflussen. Vor allem ist die Religion wichtig, um den Gefangenen Selbstwert zu geben, so dass sie zum eigenen Selbst finden können.

4.2.4.3 Religiöse Programme im Strafvollzug

Prison Fellowship International (PFI)[359] beschäftigt sich mit den christlichen Vollzugsprogrammen in den Justizvollzugsanstalten in der ganzen Welt.[360] PFI berät die Gefangenen, entlassenen Strafgefangenen, Opfer sowie ihre Familien auf der Grundlage der biblischen Anforderung an den Strafvollzug. Aufgrund ihrer Erfahrung und Perspektive kann PFI im Sinne der Wiederherstellung des Rechtsfriedens auf die Gefangenen wirken.[361]

---

357 Er war ein britischer Philosoph und Wissenschaftstheoretiker und „einer der ersten, die den Gebrauch der Spieltheorie propagierten, um das Problem der Auswahl von Hypothesen in der Wissenschaft, Ethik und Religionsphilosophie zu lösen.“ (http://de.wikipedia.org/wiki/Richard_Bevan_Braithwaite [Version vom 9.8.2013])

358 „Schamgefühl bezeichnet das angstvolle Bewusstsein, eine gültige Norm oder die Erwartungen Anderer offensichtlich und derart schwer verletzt zu haben, dass man die Achtung derjenigen verliert, mit denen man lebt und von denen man abhängt.“ (http://de.wikipedia.org/wiki/Schamgef%C3%BChl [Version vom 31. Mai 2008 um 02:07 Uhr])

359 Prison Fellowship International ist eine internationale gemeinnützige Organisation (NGO), bestehend aus den nationalen Prison Fellowship (PF) Organisationen aus 112 Ländern.

360 Angel Tree, Communities of Restration, Global Assistance Programme, Sycamore Tree Project and Week of Prayer and Transformation, http://www.pfi.org/programmes.

361 Van Ness, S. 1.

In diesem Zusammenhang bringt besonders die Association for the Protection and Assistance of the Convicted (APAC) in Brasilien bemerkenswerte Effekte. In letzter Zeit wurde in den USA das „faith-based"-Gefängnis in Florida eröffnet und das Projekt „InnerChange Freedom Initiative" (IFI) in Texas gestartet. Das Ziel dieser Strafvollzugsprogramme ist es, die Gefangenen mit der Religion und einem Glaubensystem in Kontakt zu bringen. Die Befürworter der „faith-based"-Strafvollzugsprogramme sind der Auffassung, dass dies den Gefangenen helfen kann, ein moralisches Leben zu führen und weitere Verbrechen zu vermeiden.[362] Kriminelles Verhalten ist eine Erscheinungsform des sündigen Charakters der Menschen, während das einzige Heil- und Hilfsmittel von der wundertätigen Macht der Liebe Gottes stammt.[363]

Mit dem Anstieg der Anzahl der Gefangenen fördert der Staat immer mehr wirksame Projekte für die Resozialisierung in den Justizvollzugsanstalten. Jedoch ist noch fraglich, ob „faith-based"-Strafvollzugsprogramme die Lebensbedingungen der Gefangenen im Gefängnis effektiv verbessern können. Bisher steckt die wissenschaftliche Forschung zu dieser Frage immer noch in der Anfangsphase. Aus diesem Grund sollen die genannten christlichen Strafvollzugsprogramme hier detailliert untersucht werden.

4.2.4.4 Wirkung der christlichen Religion im Strafvollzug

Die größte ehrenamtliche Organisation der Welt, Prison Fellowship, hilft Gefangenen, Exgefangenen, Opfern der Kriminalität und ihren Familien. Die Christen verschiedener Kirchen und christlicher Traditionen werden ermutigt, sich in der Zusammenarbeit mit den Gefängnisseelsorgern für diese Personengruppen einzusetzen. Prison Fellowship ist der Überzeugung, dass die Religion der wichtigste Baustein zur Resozialisierung sein kann, der dabei helfen kann, ein verbrechensfreies Leben zu führen.[364] Obwohl verschiedne religiöse Programme durch ehrenamtliches christliches Personal durchgeführt wurden, wissen wir trotzdem nicht allzu viel über den Effekt der Religion im Strafvollzug.

Es gibt eine Studie über den Effekt der Religion im Strafvollzug. Die Studie mit dem Titel „Gefangene, Gefängnisse und Religion" beinhaltet Interviews mit geistlichem Gefängnispersonal und 769 Insassen von 20 Gefängnissen in den USA und wurde durch ethnographische Beobachtungen ergänzt. Die mehrphasige

362 Kerley/Matthews/Blanchard, S. 445f.

363 Jablecki, S. 12f.

364 Johnson/Larson, S. 7f.

Studie war auf das Christentum und den Islam als die wesentlichen, im Gefängnis ausgeübten Religionen fokussiert und untersuchte die Bedeutung der Religion im Gefängnis wie auch ihre bessernde Wirkung auf die Gefangenen. Das Ergebnis der Studie ist, dass eine Besserung der Gefangenen im Zusammenhang mit dem wachsenden Niveau des Glaubens steht und die Gefangenen, die an den religiösen Programmen teilgenommen haben, haben weniger Probleme hinsichtlich der Disziplin.[365] Religiöse Betätigung kann einem Gefangenen helfen, Depressionen, Schuld und Selbstverachtung zu überwinden, die häufig mit der Freiheitsstrafe einhergehen. Sie hilft auch, das rücksichtslose Klima im Gefängnis zu verbessern, das aus einem Mangel an der Sicherheit, dem materiellen Komfort und dem heterosexuellen Kontakt resultiert. Die Religion bietet dem Gefangenen auch eine neue Lebensart, in der die Verfehlungen der Vergangenheit mit einem völlig neu entwickelten Weg des Lebens hinter sich gelassen werden können. Dies könnte den Gefangenen helfen, eine Richtung des inneren und seelischen Friedens zu finden.[366]

4.3 Zusammenfassung

In der modernen Zeit bemüht sich der Staat in der Regel darum, durch sein Strafvollzugssystem eine erfolgreiche Resozialisierung der Gefangenen zu erreichen. Trotz vieler Einzelschritte in die richtige Richtung hat die staatliche Strafvollzugspolitik bisher noch keinen großen Erfolg in der Praxis erzielt. Die Kirche spielt eine wichtige Rolle in unserer heutigen Gesellschaft, besonders in Europa und den USA. Es ist bekannt, dass die Kirche in der Gesellschaft transzendental arbeitet und ihr Verständnis sich über die wesentliche Resozialisierung deutlich von dem des Staats und der Gesellschaft unterscheidet. Die Kirche kümmert sich im Strafvollzug um die Vermittlung der Werte, die dem Gefangenen den Weg zu einem neuen Leben erleichtern sollen. Der große kirchliche Beitrag zur Resozialisierung der Gefangenen durch geistliche Betreuung in der Form der Seelsorge geht weit über die Hilfe der staatlichen Kriminalpolitik hinaus. Zwar ist die Kirche bereits seit längerer Zeit im Strafvollzug tätig, doch werden ihrem Wirken bis in die heutige Zeit Grenzen gesetzt. Wenn die Kirchen sich im christlichen Sinne mehr und aktiver für die Gefangenen einsetzen, können sie auf diese Weise eine große Verbesserung im Strafvollzug insgesamt bewirken. Die Christen können bezeugen,

365 Clear/Sumter, S. 127f.
366 Clear/Sumter, S. 129ff.

dass der Glaube an Gott einen Menschen von Grund auf ändern kann, so dass der Sinn und die Erfüllung im Leben nicht mehr im Verschaffen der Vorteile auf Kosten anderer Menschen liegt, sondern in der Beziehung zu Gott und den Mitmenschen. Es ist festzustellen, dass ein treuer Wandel im Glauben zum Gelingen und Erfolg im Leben beitragen kann. So betrachtet könnte man aus christlicher Sicht eine private Justizvollzugsanstalt empfehlen. Im folgenden Kapitel werden in Betrieb befindliche, private Justizvollzugsanstalten auf der Grundlage eines christlichen Programms dargestellt.

5. Christlich organisiertes Programm in privaten Justizvollzugsanstalten

In der modernen Gesellschaft versorgt die Religion die Strafgefangenen mit sozialer Unterstützung, Kompetenz und sorgfältiger Interaktion durch die christlichen Menschen und Gemeinschaften. Solche Schwerpunkte werden als ein wirksames Behandlungsprinzip für die Rehabilitation bezeichnet. In Bezug auf die Resozialisierung der Strafgefangenen wird ein „faith-based"-Programm in einer privaten Justizvollzugsanstalt durchgeführt, das allmählich eine positive Auswirkung auf den Bereich des Vollzugsziels ausübt. Dieses Kapitel stellt eine christlich organisierte Justizvollzugsanstalt mit den Programmen wie Programmen APAC in Brasilien und IFI und TOP(Transition of Prisoners) in den USA dar. Diese Programme, seit mehreren Jahren positive Ergebnisse vorweisen, sollen nachfolgend dargestellt werden.

5.1 Verhältnis zwischen „faith based"-Programm und Restorativ Justice

Restorative Justice ist ein Prozess der Aussöhnung zwischen Täter, Opfer und Gesellschaft.[367] Die Bedeutung der *Restorativ Justice* wird davon dominiert, was man mit den drei sich überschneidenden Begriffen der wiedergutmachenden Gerechtigkeit, der wiederherstellenden Reaktion auf kriminelles Unrecht und der ausgleichsorientierten Justiz zusammenfassen kann.[368]

Restorative Justice bildet ein Symbol für den Wechsel in der Blickrichtung der Straftheorie, der Praxis und der Interessen des Opfers sowie der mit ihm verbundenen Menschen.[369] Sie argumentiert dergestalt, dass als Reaktion auf bestimmte Verbrechen die Wiederherstellung des Opfers durch die Wiedergutmachung, Rehabilitation und Heilung, die Entschädigung des Täters durch Wiedergutmachung, angemessene Behandlung und Finanzierung sowie die Wiedereingliederung der beiden in die Gesellschaft hervorzuheben wäre.

367 Dandurand/Griffiths, S. 6f.

368 Kerner, S. 27.

369 Kerner, S. 27.

Restorative Justice kann eine Theorie sein, die spezifisch-kriminelles Verhalten durch psychologisch-fundierte Programme behandelt, um das Verhältnis eines Gefangenen zu anderen Menschen versöhnend zu regulieren und normativ zu adaptieren. Das Ziel der Restorative Justice ist eine erfolgreiche Resozialisierung des Gefangenen in die Gesellschaft. Die Resozialisierung des Strafgefangenen wird dadurch erleichtert, dass sein soziale Kontakte durch den Eingriff nicht gestört werden und fördert beim ihm die Entwicklung sozialen Verantwortungsgefühls.[370]

Die Resozialisierung des Strafgefangenen wird dadurch erleichtert, dass sein sozialer Kontakt durch den Eingriff nicht gestört wird und fordert beim ihm die Entwicklung seines sozialen Verantwortungsgefühls. Während des Aufenthalts in der Justizvollzugsanstalt verändert sich das Leben vieler Menschen, indem es ihnen einen Ausweg aus dem Strafvollzugssystem ermöglicht.

Mit der Privatisierung staatlicher Aufgaben liegt die Kriminalpolitik im Zusammenhang mit der Restorative Justice im Trend, die sich durch private Hand von der Form gemeinnütziger Einrichtungen in der Praxis ausüben lässt. Vor allem sind privat organisierte Einrichtungen der Non-Profit-Organisation zum Teil im Bereich der Wiedergutmachung hilfreich.

Beim „faith-based“-Programm wird die Wiedergutmachung der sozialen Beziehungen besonders in den Vordergrund gestellt. Für die Wiederherstellung geistiger und seelischer Veränderungen der Gefangenen sollen die Reue und Versöhnung als wichtige Teile während des „faith-based“-Programms verstanden werden. Die Methodik des „faith-based“-Programms wird als eine Maßnahme von der Restorative Justice noch nicht deutlich angenommen, jedoch kann das „faith-based“-Programm sich durch seine eigene Methodologie von APAC und IFI für den Effekt der Wiedereingliederung des Gefangenen im Zusammenhang mit Restorative Justice stärken. Die Strategie des APAC- und IFI-Programms ist nicht das Ergebnis durch die Intellektuellen einer bestimmten Schule der Kriminologie, sondern erwächst aus der Erfahrung und Versuchsdurchführung privater Organisationen. Folglich gibt es ein Bedürfnis dafür, eine Theorie der Gerechtigkeit zu entwickeln, innerhalb derer das „faith-based“-Programm einerseits verstanden und andererseits umgesetzt werden kann.

370 Krahl, S. 485.

5.2 Association for the Protection and Assistance to the Convicted (APAC)

5.2.1 Entwicklung von APAC

Mário Ottoboni, Silvio und Hugo beschlossen[371], ihre Vision und revolutionäre Idee in die Tat umzusetzen, in der Hoffnung die Strafgefangenen gut zu resozialisieren und in die Gesellschaft wiedereinzugliedern. Durch die Erfahrung in Hinblick auf die Wiedereingliederung der Gefangenen haben sie eine Maßnahme für die Resozialisierung entwickelt, die im Wesentlichen auf den Resozialisierungsprozess der Beziehungen zwischen Gefangenen, ihren Familien und dem ehrenamtlichen privaten Personal Einfluss nimmt.[372]

Im Jahre 1975 schrieben sie ein Buch mit dem Titel „Christ Wept in Prison", das die nationale Aufmerksamkeit auf das Programm gelenkt hatte.[373] Im Jahr 1976 eröffnete das APAC-Programm einen Schlafsaal für 75 Strafgefangene unter den halb-offenen Bedingungen, die sich auf die Entlassung von ihnen vorbereitete. 1979 wurde die Humaita-Justizvollzugsanstalt aus politischem Anlass geschlossen. Trotz des politischen Drucks wurde also das Programm als ein zusätzliches Angebot der Regierung durch private Einrichtung wieder eingeführt. Im Jahr 1984 wurde es als erste vollfunktionsfähige Justizvollzugsanstalt mit dem APAC-Programm ohne Mitwirkung der Polizei eröffnet. Die Stadtregierung von São Paulo erkannte die Justizvollzugsanstalt als rechtmäßig errichtete juristische Person an. Im Jahr 1988 wurde das APAC-Programm ein zugelassenes Mitglied von PFI und seitdem werden in den verschiedenen Bereichen über 130 Standorte in zwölf Städten in ganz Brasilien betrieben.[374]

5.2.1.1 Philosophie des APAC-Programms

Unter dem Motto „Töte das Kriminelle, um den Menschen zu retten!" arbeitet APAC mit einem christlichen Programm zur Vermittlung menschlicher Werte, das

371 Als sich vor 25 Jahren (1972) Dr. Mário Ottoboni und eine Gruppe von Christen zum Gebet für die Gefangenen versammelten, erinnerten sie sich daran, steigenden Rückfallrate und furchtbare Strafanstaltbedingungen in ihrer Stadt San Jose Campos in Brasilien.

372 Creighton, Humaita Prison, S. 1.

373 Im Jahr 1976 las Präsident von Brasilien das Buch und befahl darüber eine Forschung der APAC. (Creighton, APAC entre Rios, S. 1f.)

374 Creighton, APAC entre Rios, S. 2f.

den Strafgefangenen die geeigneten Rahmenbedingungen für eine Besserung anbietet. Das Ziel des APAC-Programms besteht darin, dass die Gefangenen durch eine gesunde Beziehung zu Familie, Gesellschaft und Gott geändert werden sollen. Ein wichtiger Unterschied liegt im moralischen und geistlichen Fundament. Das APAC-Programm unterscheidet sich von der konventionellen Methode zur Rehabilitation von Gefangenen.[375]

Die konventionelle psychologische Methode sucht zuerst nach der Beziehung eines Gefangenen zu anderen Menschen, um sie miteinander zu versöhnen. Die geistliche Dimension ist dabei von zweitrangiger Bedeutung. Im Gegensatz dazu sucht das seelische Veränderungsmodell nach der Menschenwürde, dem Vertrauen und den Wegen, um sich selbst zu ändern, und noch einem anderen eine veränderte Beziehung zum Gott zu ermöglichen. Das APAC-Programm arbeitet mit einem Verfahren der seelischen Veränderung, integrierenden Therapeutik und kulturellen Methode, das mit der Entwicklung der christlichen Wirkung im Einklang steht. Es basiert auf der Voraussetzung, dass der Gott alle liebe und die Liebe ein Weg des menschlichen Lebens ist.[376] Das ist ein Prozess der seelischen Veränderung und er fordert die menschlichen Werte und den Glauben durch die Änderung ihrer Beziehung zu Gott und den Anderen.[377] Für die Resozialisierung der Gefangenen spielt ihre inneren Leistung eine wichtige Rolle. Das Programm zieht in erster Linie die menschlichen Werte einer Person in Betracht, die vom rechten Weg abgekommen sind bzw. von ihnen getrennt sind.

5.2.1.2 Prinzip von APAC

Das grundsätzliche Prinzip von APAC beruht einerseits auf der Liebe zu Gott im christlichen Sinne und andererseits auf der Beziehung zu Familie und Gesellschaft. Die grundsätzlichen Prinzipien von APAC beinhalteten christliche Wirkungen, das Vertrauen und die Eigenschaften, die sich als Umfeld ohne Rücksicht auf Aktivität und Art des Programms durchsetzen. Die drei grundsätzlichen Prinzipien des APAC-Programms werden im Folgenden dargestellt: Vermittlung menschlicher Werte, Evangelisationsarbeit und soziale Wiedergutmachung.

---

375 APAC Prisons, S. 3.

376 APAC Prisons, S. 3.

377 Workman, S. 5f.

5.2.1.2.1 Vermittlung menschlicher Werte

An erster Stelle nimmt die Methode von APAC Rücksicht auf die Menschenwürde. Die Vermittlung menschlicher Werte ist ein Prozess, durch den ein individuelles Wesen zu verstehen beginnt, als ein einzigartiger und talentierter Mensch durch Gott geschaffen worden zu sein.[378]

Der Prozess beinhaltet sowohl Seelsorge als auch Gruppendiskussionen. Die Mitwirkung der Ehrenamtlichen und Paten ist ebenfalls eine integrale Rolle dieser Strategie. Der Prozess der humanen Aufwertung erstreckt sich auf die Familie der Gefangenen. Menschliche Werte beim APAC-Programm streben nach der Wiederherstellung der natürlichen Person mit einem positiven Selbstverständnis und der Entwicklung aller seiner Fähigkeiten.[379] Dieser Prozess führt zum positiven und verantwortlichen Verhalten in Bezug auf die anderen und kann sich auf die Familie, Gesellschaft, Staatsgewalt und schließlich Gott beziehen.

5.2.1.2.2 Evangelisationsarbeit

Die Religion beim APAC-Programm ist ein grundlegender Faktor, um die Gefangenen auf die Rückkehr in die Gesellschaft vorzubereiten. Das APAC-Programm bezieht sich auf eine Durchführung der christlichen Evangelisationsarbeit für die Gefangenen. Die Evangelisation beinhaltet geistliche, medizinische und rechtliche Aufgaben, die Sozialarbeit, Bildung und Arbeitshilfe. Die seelische und materielle Dimension der Menschlichkeit kann eine durch das Evangelium von Jesus bzw. die Gottesliebe erreicht werden.[380] Bei der Evangelisationsarbeit muss die Vermittlung menschlicher Werte Priorität haben. Hugo Veronese betont, dass eine Erfahrung der grenzenlosen Liebe einen wichtigen Einfluss auf die Gefangenen nehmen könne. Kriminelles Verhalten ist eine defizitäre Sozialisationserscheinung eines Individuums, das unfähig ist, zu lieben und Liebe zu bekommen. Die Evangelisation aus bedingungsloser Liebe hat die Macht, ein Individuum mit einem negativen kriminellen Verhalten positiv zu ändern.[381]

---

378 Die brasilianischen Politiker definieren, die humanen Wertgaben als Hilfe für einen Menschen von ihrer eigenen Menschenwürde her und so das Individuum mit all seinen Fähigkeit zu entwickeln.

379 APAC Prisons, a.a.O., S. 5.

380 APAC Prisons, S. 6.

381 Ein großer Teil der Brasilianer ist römisch-katholischen Glaubens. Von diesem Hintergrund kann die APAC stark nach dem christlichen Glauben handeln. APAC Prisons, S. 6f.

Die Gefangenen werden mit der persönlichen Möglichkeit konfrontiert, sich zu ihren Glauben zu bekennen, ihre Sinnesänderung und die Gnade Gottes, ihrem Glauben an den Gott und die Bekehrungskraft des heiligen Geistes zu erfahren.[382]

5.2.1.2.3 Soziale Wiedergutmachung

Die APAC-Methodologie versucht, den Gefangenen zu helfen, damit sie ein ganzheitliches, verantwortungsvolles und selbstständiges Leben führen und in die Gesellschaft wieder eingliedert werden können. Die Einrichtung für die soziale Wiedergutmachung gibt den Gefangenen die Möglichkeit, ihre Strafe in der Anstalt in der Nähe ihrer Familie und ihrer Freunde zu verbüßen.[383] Für die soziale Wiedergutmachung beschäftigt sich das APAC-Programm mit vier Themen: Wiedergutmachung der Beziehung zwischen den Mitgefangenen, der Familie, der Gesellschaft und Gerechtigkeit.[384]

5.2.1.2.3.1 Wiedergutmachung der Beziehung zwischen den Mitgefangenen

Am Anfang werden ein Strafgefangener und ein Ehrenamtlicher wie eine Ersatzfamilie verbunden. Die Entscheidungen sollen nicht als ein administrativer oder bürokratischer Prozess verstanden werden, sondern wie eine Familiengruppe getroffen werden. Tatsächlich wurden Gefangene verurteilt, weil sie nicht die Regeln eines sozialen Miteinanders respektierten, da sie keine Grenzen kannten. Die Justizvollzugsanstalten sind ein gewaltträchtiger Ort, in denen einige Gruppen Macht über andere ausüben. Es ist den Gefangenen ein normales Verhalten zu zeigen. Durch das prosoziale Verhalten mit den Mitgefangenen in der Anstalt kann es an den Gefangenen erkannt werden, „dass die Wurzeln von Gut und Böse in ihren Herzen liegen und dass sie zu Gesten der Freundschaft fähig sind“[385]. Die Gefangenen können sich mit der Beteiligung ihres Verhaltens und ihrer Beziehung gegenseitig ermutigen und helfen.

5.2.1.2.3.2 Wiedergutmachung der Beziehung mit der Familie

Die Familien der Gefangenen sind in jeder Hinsicht unfunktional und leben jenseits von Religion, Moral, Kultur usw. Außerdem landen sie infolge der sozialen Abgrenzung, die sie erfahren, selbst Straftaten zu begehen bzw. zu verursachen.

---

382 APAC Prisons, S. 7.
383 Vgl. Ottoboni, S. 82f.
384 APAC Prisons, S. 7ff.
385 Ottoboni, S. 57.

Darum wird die Familie als ein wesentliches Element in der Wiedereingliederung eines Gefangenen angesehen und kann ihn durch die Liebe, den Glauben und elterliche Beziehung unterstützen und ermutigen. Jeder Gefangene ohne familiäre Beziehung erhält eine Bezugsperson außerhalb des Gefängnisses, die als geistlicher Pate dient und den Gefangenen gewissermaßen adoptiert. Das APAC-Programm bietet geistliche Einkehrveranstaltungen und regelmäßige Kurse für die Entwicklung und Vermittlung menschlicher Werte an, um eine gesunde Beziehung zur Familie zu stärken. Aus dieser Sicht heraus ist es den Gefangenen erlaubt,[386] „mit ihren Familien zu korrespondieren und täglichen Kontakt zu haben“[387]. Die Familien erhalten Anleitung darin, wie sie persönliche Beziehung zum Gefangenen pflegen und sich mit dem Gefangenen in eine geordnete Verbindung setzen können.[388]

5.2.1.2.3.3 Wiedergutmachung der Gesellschaft

Das Ziel des APAC-Programms besteht darin, dass sie in die Gesellschaft zurückkehren können und dann bereit sind, harmonisch und friedfertig mit anderen zusammenzuleben.[389] „Es liegt klar auf der Hand, dass alles mit der Einbeziehung der Gesellschaft beginnen muss.“[390]

Die Gefangenen haben Defizite, um prosoziales Verhalten im Umgang mit der Gesellschaft aufzubauen. Sie sind ein Reservoir des Misstrauens und leider hat die Bitterkeit ihres Lebens nur negative Dinge gezeigt. Es ist erforderlich, erstens die Ursachen ihrer Probleme herauszufinden und zweitens ihre Probleme während des Aufenthalts in der Anstalt zu lösen.

Die Gefangenen nehmen an täglichen Veranstaltungen für die Wiedergutmachung der Beziehung zur Gesellschaft teil. Sie können mittels des Lernens beginnen, eine Beziehung zueinander im Rahmen der Anstalt aufzubauen. Während des Lernens werden sie dazu befähigt, wie man partnerschaftlich arbeitet und mit der Gemeinschaft außerhalb der Anstalt Kontakt aufnimmt.[391]

Die Bediensteten und Ehrenamtlichen in der Anstalt bemühen sich darum, wie die Gefangenen ihre einzelnen Interessen zu einem gemeinsamen Zweck mit den christlichen Werten als Mittelpunkt unterzuordnen.

---

386 APAC Prisons, S. 9.
387 Ottoboni, S. 75.
388 APAC Prisons, S. 9.
389 Vgl. Ottoboni, S. 23.
390 Ottoboni. 54.
391 APAC Prisons, S. 9.

5.2.1.2.3.4 Wiedergutmachung der Gerechtigkeit

Die Gerechtigkeit reagiert auf ein spezifisches Verbrechen mit der Betonung, dass die Wiedergutmachung des Opfers durch die Rechtshilfe mittels Verteidigung, Heilung und die Wiedergutmachung mit dem Täter durch Entschädigung und eine gerechte Behandlung vorzunehmen sei. Während des Prozesses des APAC-Programms sollen die Gefangenen in der Lage sein, Gerechtigkeit über das Geschehene und den Schaden herauszufinden, sich mit der Ungerechtigkeit der Gefangenen zu identifizieren und sich auf zukünftige Maßnahmen zur Schadenswiedergutmachung vorzubereiten.[392]

5.2.2 Organisatorische Elemente

Die organisatorischen Elemente sind ein Teil der Einrichtung oder des Prozesses, wodurch ein Gefangener resozialisiert wird. Eine der wichtigsten Variablen im diesem Kontext ist die kulturelle und soziale Umgebung. Organisatorische Elemente müssen kulturelle Werte bevorzugt anerkennen, sie müssen auf dem Substrat der Grundwerte aufgebaut werden, um gemeinsame Ziele zu erreichen.[393]

Die APAC-Methode fördert ein neues Konzept des Umganges mit den Gefangenen und der Organisation des Strafvollzugs. Im Folgenden werden die Elemente unter die Lupe genommen und detailliert analysiert.

5.2.2.1 Erziehung durch Ehrenamtliche

Viele Gefangenen stammen aus nichtfunktionalen oder gebrochenen Familienkontexten und haben wenig positive Erfahrungen erlebt. Viele kommen aus einer missbräuchlichen oder nachlässigen familiären Umgebung und haben keine Vorstellung darüber, was ein positives Lebensvorbild ist.[394]

Das APAC-Programm hat die Notwendigkeit für zwei verschiedene Vorgehensweisen erkannt, um den Gefangenen zu helfen. Erstens, die Paten sind einflussreiche oder wichtige Personen, um im Namen der Eltern die Gefangenen zu unterstützen. Sie sorgen für seelische und soziale Beratung der Gefangenen und stützen ihn während des Aufenthalts in der Anstalt und behandelt ihn als einen Angehörigen der Familie. Ihre Rolle ist es, ein Verhältnis zu dem Gefangenen

392 APAC Prisons, S. 9.
393 APAC Prison, S. 10
394 APAC Prison, S. 11

aufzubauen, damit der Gefangene nicht rückfällig wird. Zweitens, ein Mentor teilt Erfahrungen und setzt den Gefangenen neuen Vorstellungen und Einblicken aus. Die Mentoren sind bestimmte Vorbilder und Beispiele für reife Christen.[395] Paten, Berater und andere Ehrenamtliche können eine bedeutungsvolle Rolle in der Justizvollzugsanstalt spielen. Ehrenamtliche Betreuer sollen an einem Ausbildungskurs teilnehmen und mit totaler Hingabe Jesus Christus lieben. Ihre Geisteshaltung muss wegen des Vertrauens beispielhaft sein, um die Gefangenen besser zu verstehen und an ihrer Resozialisierung teilzunehmen. Sie bieten den Gefangenen mit einer authentischen Erfahrung den Aufbau eines Verhältnisses an, das einem Gefangenen die Realität christlicher Werte zeigen soll. Sie werden ausgebildet und begleitet, um die Wichtigkeit Gottes im Leben eines Gefangenen zu bezeugen. Viele Gefangenen finden es schwierig, an die Liebe Christi zu glauben, solange sie selbst Menschenliebe erfahren müssen. Ein wichtiger Teil des Menschenwürdeprozesses kommt von erfahrenen Ehrenamtlichen, Mentoren, Paten und anderen praktischen Möglichkeiten, mit denen vertrauensvolle Liebe bewiesen wird. Die Gefangenen wissen, dass die Ehrenamtlichen ihnen aus Großherzigkeit, Freundschaft und christlicher Leidenschaft zu Hilfe kommen. Sie erkennen sehr leicht, wenn ihnen jemand liebevoll helfen und ihnen die Hand reichen will. Die Erziehung durch die Ehrenamtlichen garantiert die Effizienz der tiefen Umkehr des Gefangenen.[396]

5.2.2.2 Arbeit

In einer Justizvollzugsanstalt wird auf produktive Arbeit als Vorbereitung auf das Leben außerhalb des Gefängnisses Wert gelegt. Die Arbeit der Gefangenen stellt ein zentrales Element des modernen Behandlungsvollzugs dar.[397] Trotz der modernen organisierten Arbeit bleibt jedoch nur wenig Wirkung der Arbeit in der Wirklichkeit. Die Arbeit der Gefangenen wird wie eine Therapie gesehen. Das APAC-Programm nimmt auf eine therapeutische Arbeit Rücksicht. Die Arbeit ist ein wesentliches Element eines erfüllten Lebens und bezieht die innere Einstellung ebenso ein wie Kenntnisse, Fertigkeiten und Begabungen.[398]

---

395 In den USA helfen Mentoren den Insassen, Arbeitsleistungsverträge und Einverständnis zu entwickeln.

396 APAC Prison, a.a.O., S. 11.

397 Laubenthal, S. 187f.

398 APAC Prison, a.a.O., S. 12.

Vielen Gefangenen mangelt es an einer positiven Arbeitsethik, Berufserfahrung und ausreichenden Kenntnissen der Arbeitsverantwortung. Die Arbeitsprogramme bieten Zugang zur Zusammenarbeit und Entwicklung der Gemeinschaft und dem Kontakt mit der Gesellschaft außerhalb der Anstalt. Das APAC-Programm bietet dem Gefangenen die Möglichkeit, jede andere Art der Tätigkeit auszuüben, für die er geeignet ist, um ihre Kreativität zu fördern und sie darüber nachdenken zu lassen, was sie tun.[399]

5.2.2.3 Ausbildung

Alle Perspektiven des Lebens sind Möglichkeiten, um zu lernen. Die Ausbildung wird durch den Dialog und die Hilfe eines Mediators reflektiert und so weiter entwickelt. Das Ziel der Ausbildung ist es, die Kompetenz durch Kenntnis der Fähigkeiten zu erreichen. Der Mensch ist nicht durch ein spezielles Geschehen, sondern einen Tagesablauf und den Prozess des täglichen Lebens gebildet worden.[400] Individuelle, schulische und berufliche Förderung auf der Basis der eigenen Leistungsfähigkeiten und Neigungen sind eine Grundvoraussetzung für eine sinnvolle Behandlung während des Aufenthalts in der Anstalt. Biblische Prinzipien werden in den gesamten Lehrplan integriert, anstatt nur die spezifischen Methoden zu behandeln. Es wird erwartet, dass die Bildung zu einem Rückgang des Verbrechens beiträgt.[401]

5.2.2.4 Nachsorge

Die Nachsorge fängt an dem Tag an, an dem der Gefangene aus dem Gefängnis entlassen wird. Jedoch beginnen die Gefangenen schon vor ihrer Ankunft in der Justizvollzugsanstalt, Hilfe anzunehmen und sich selbst zu helfen, um sich durch ihre eigenen freiwilligen Bemühungen zu bessern und sich selbst auf die Rückkehr in die Gesellschaft vorzubereiten, ehrenhaft zu leben und zu arbeiten.[402]

Die gesamte Unterstützung und jegliche Dienste vervollständigen ihr Bewusstsein für die Verantwortung und Solidarität und enden schließlich mit der Feststellung, ob noch Notwendigkeit für eine weitere Unterstützung nach ihrer Entlassung besteht. Das Ziel der Nachsorge ist es, diese Mitglieder wieder in die Gesellschaft

399 Zitat, Ottoboni, S. 60.
400 APAC Prison, a.a.O., S. 12.
401 APAC Prison, a.a.O., S. 13.
402 Zitat, Ottoboni, S. 157f.

zu integrieren, in der Hoffnung in ihnen positive Beziehungen zu der Familie, Gemeinde und dem Arbeitsplatz zu erwecken und herzustellen.[403]

5.2.3 Humaita-Justizvollzugsanstalt

Das Programm in der Humaita-Justizvollzugsanstalt wird gemeinsam vom APAC-Vorstand und einem gewählten Gefangenen-Rat aus Gründen der Solidarität und Ehrenhaftigkeit geleitet. Das APAC-Programm in der Humaita-justizvollzugsanstalt betont die entscheidende Bedeutung einer gesunden Beziehung zu Gott, die die Reue des Gefangenen, seine Vergebung und die Annahme von Jesus Christus als persönlichem Helfer fördert und den Schwerpunkt des Programms bildet.

Die Gefangenen, die bereits in einer staatlichen Justizvollzugsanstalt einsitzen, können eine Verlegung in die Humaita-Justizvollzuganstalt beantragen. Es ist sehr wichtig, dass die Gefangenen einerseits selbst einen starken Willen haben und andererseits ihre Familien bereit sind, nachhaltige Unterstützung zu leisten und sich an dem Wiederherstellungsprozess des Gefangenen aktiv zu beteiligen. Die Entscheidung des Ausschlusses, der zwischen dem Gericht und der Humaita-Justizvollzuganstalt gefällt wird, basiert auf einer Einschätzung der starken Motivation der Gefangenen zur Änderung und der aktiven Unterstützung der Familie.[404] Die Bewertung dessen, ob eine Aufnahme in das APAC-Programm erfolgt, schließt eine qualifizierte Bewertung durch das Personal aus dem psychologischen, medizinischen und sozialen Bereich gemeinsam ein. Wenn die Gefangenen in das APAC-Programm aufgenommen werden, werden sie nicht „Gefangene“, sondern „Recuperandos“ genannt.[405]

5.2.3.1 Phasen des Programms in Humaita-Anstalt

Das APAC-Programm in der Humaita-Anstalt beinhaltet zur Wiedergutmachung der Gefangenen vier Phasen. Jede Phase des Programms hat ein spezielles Ziel und einen eigenen Schwerpunkt.

403 APAC Prison, a.a.O., S. 14.

404 Die Natur der Straftat und das Strafmaß hindern nicht, dass sexuelle Straftäter bei APAC angenommen werden.

405 Creighton, Humaita Prison, S. 5f.

5.2.3.1.1 Erste Phase

Das Ziel der ersten Phase ist es, sich den Sinn des Selbstwerts und den Wert der Verantwortlichkeit anzueignen. In der ersten Phase muss ein Gefangener ein Sechstel seines gesamten Strafmaßes bei der Humaita-Anstalt einsitzen und folgende Ziele umsetzen: Produktive Arbeit, Neuaufbau des Selbstbewusstseins, Erfahrung der Gottesliebe, Betreuung der anderen und das Lernen des Pflichtbewusstseins.[406]

5.2.3.1.2 Zweite Phase

In der zweiten Phase verändert sich der Schwerpunkt von der Veränderung der inneren Werte heraus schrittweisen hin zu einer Neuintegration und Erholung zurück in Familie und Gesellschaft. Das Ziel dieser Phase ist es, die Wiederaufnahme der obigen Schwerpunkte zu beginnen. Der Schwerpunkt ist zunehmendes Pflichtbewusstsein, der Beginn der Arbeit in der Gesellschaft und die Verbindung mit der Gesellschaft mit Hilfe eines freiwilligen sozialen Diensts.[407]

5.2.3.1.3 Dritte Phase

Das Ziel der dritten Phase ist es, ein selbstständiges Leben zu führen. Der Schwerpunkt dieser Phase ist ein erfolgreiches positives Arbeitsleben in der Gesellschaft, um eine Re-Integration in die Gesellschaft zu schaffen und einen positiven Beitrag zur Gesellschaft zu leisten.[408]

5.2.3.1.4 Vierte Phase

In der vierten Phase kann der Gefangene nach der Entlassung unter Aufsicht oder bedingter Entlassung aus der Anstalt in die Gesellschaft aufgenommen werden. In den ersten sechs Monaten nach der Entlassung aus der Anstalt auf Bewährung muss beim Gefangenen das gleiche Verhalten beobachtet werden. Nach dieser Abschlussphase kann man abschließend beurteilen, ob es wirklich zu einer sozialverträglichen Wiedereingliederung gekommen ist oder nicht. Das Ziel dieser Phase ist es, ein beisteuerndes Mitglied in der Gesellschaft zu werden. Der Schwerpunkt ist die Unterstützung der Familie, der Aufenthalt außerhalb der Anstalt und die Unterstützung der Anstalt. Während der vierten Phase muss der Gefangene an folgenden Aufgaben regelmäßig teilnehmen: Erstens müssen die Gefangenen von der Arbeit jeden Tag bei Humaita-Justizvollzugsanstalt berichten. Zweitens müssen

406 Creighton, Humaita Prison, S. 5f.
407 Creighton, Humaita Prison, S. 6.
408 Creighton, Humaita Prison, S. 6.

sie mindestens alle zwei Monate eine Einzelbesprechung mit dem Personal haben. Drittens müssen sie aktiv am sozialen Dienst teilnehmen.[409]

5.2.3.2 Ergebnis

Die Forschung von Byron Johnson verglich die Rückfallsquote der APAC- Teilnehmer in der Humaita-Justizvollzugsanstalt mit jenen Teilnehmern eines berufsbezogenen Programms in der Braganca-Justizvollzugsanstalt[410] in Brasilien. Die Rückfallsquote dieser beiden Programme ist tiefer als jene anderen Strafvollzugsanstalten. Das christliche APAC-Programm hat eine höhere Erfolgsrate als die anderen. Zwischen 1996 und 1999 lag die Rückfallquote in der Humaita-Justizvollzugsanstalt bei 16%. Im Braganca- Programm lag sie bei 36%.[411]

5.2.4 Zusammenfassung

Beim christlich orientierten APAC-Programm spielen die christliche Religion und ernsthafte Ehrenamtliche eine wichtige Rolle. Man könnte ohne Hintergrund der religiösen Kultur das Programm von APAC nicht annehmen. In den Ländern, die bereits dieses Programm eingeführt haben, ist zumeist eine christliche Religion und Kultur Teil der Gesellschaft. Das Programm bezieht sich auf christliche Kultur, Ideologie und enge Familienbeziehung. Deshalb könnte vermutet werden, dass der Widerstand gegen das APAC-Konzept von anderen, nicht-christlichen Gruppen oder interessierten Parteien zum Ausdruck gebracht wird. Die Methode von APAC nötigt nicht nur Religion auf, sondern bemüht sich auch darum, über das Bedürfnis der Gefangenen klar zu werden. APAC bezeichnet sich lieber als Methodologie denn als Programm. APAC unterscheidet sich von der herkömmlichen Methode zur Wiedereingliederung der Strafgefangenen.[412] Kim Workman erklärt, dass die Methode des APAC-Programms sich nicht aus einer kriminologischen Theorie, sondern nach der Erfahrung und dem Experiment des APAC-Programms entwickelt. Mithin braucht es die Notwendigkeit, eine Theorie der Gerechtigkeit zu entwickeln, innerhalb derer sie als religiöse Justizvollzugsanstalt verstanden

---

409 CreightonHumaita Prison, S. 6.

410 Vor allem basiert die Strafanstalt auf berufliche Ausbildung und der Nutzung von Gefängnisindustrie, um die Entlassung der Insassen vorzubereiten und um die Betriebskosten zu reduzieren.

411 APAC: 25 Jahre Reduktion der Rückfallquote, o.S.

412 Roper, S. 2.

und eingeführt werden kann. Es ist zu hoffen, dass diese Methode sich für die Resozialisierung der Strafgefangenen in den anderen Ländern weiter durchsetzt.[413]

5.3 InnerChange Freedom Initiative (IFI)

5.3.1 Entwicklung

Im Rahmen der Stärkung der christlichen Religion und religiöser Hilfsorganisationen beschäftigt sich in den USA die „Faith-Based and Community Initiative" in verschieden Bereichen, unter anderem auch im Strafvollzug. Das Programm von IFI[414] basiert auf dem APAC-Programm in Brasilien und daraus entwickelte die PFI ihr eigenes christliches Programm. PFI bemüht sich mit der IFI um die Wiedereingliederung der Gefangenen in die Gesellschaft.

1996 stellte die PFI das Konzept von einem „faith-based"-Programm am Texas Department of Criminal Justice (TDCJ) vor. Das TDCJ interessierte sich für das „faith-based"-Programm[415] und bewertete das als Teil einer Reihe der Rehabilitationsprogramme. Daher forschten die regionale Kirche und TDCJ gemeinsam unter der Befürwortung der Regierung mit dem Ziel einer Verminderung der Rückfälligkeiten. Durch die Forschung entwickelte sich die IFI.

5.3.1.1 Ziel des Programms

Der Auftrag von IFI ist es, eine Umgebung zu schaffen und weiterzuführen, in der die Gefangenen den Respekt vor dem Gesetz und anderen Menschen haben können und dadurch eine seelische und moralische Änderung erreicht werden kann.[416] Durch das Programm können sie die gesunde Beziehung zu Gott, den Familien und der Gesellschaft während des Aufenthalts in der Justizvollzugsanstalt und nach der Entlassung entwickeln.[417]

---

413 Workman, S. 5f.

414 Das IFI Programm wurde durch Prison Fellowship im Jahr 1997 eingeführt. Das Programm in der Strafanstalt wird in Zusammenarbeit mit dem Staat durchgeführt, vgl. http://www.ifiprison.org/contentindex.asp?ID=135.

415 Das Konzept des Programms war sehr unterschieden von anderen Programmen, weil das ein Programm bezeichnete, das ausdrücklich christliche Sinne orientierte. (vgl. Johnson/Larson, S. 6)

416 Eisenberg/Trusty, S. 1.

417 http://www.prisonfellowship.org/programs/reentry/ifi/.

IFI weist auf das erste Ziel der religiösen Programme, die zur geistigen Entwicklung der Gefangenen mit erzieherischer und beruflicher Bildung sowie der Lebensfähigkeit in Verbindung stehen.[418]

Das Ziel des IFI-Programms besteht darin, eine Sinnesänderung der Gefangenen zu fördern und sie zum Glauben zurückzuführen, um eine positive Sicht auf das Leben ab von der falschen Lebenseinstellung zu forcieren.[419] Der Sinn einer religiösen Justizvollzugsanstalt soll sein, die Strafgefangenen zum Glauben zu führen oder sie überhaupt mit Religion vertraut zu machen, um dadurch ihre Wiedereingliederung in die Gesellschaft fördern zu können.

5.3.1.2 Elemente des Programms

Der gesamte Prozess des IFI Programms basiert auf überzeugtem biblischen Unterricht und schließt die drei folgenden wichtigen Elemente im gesamten Verlauf der drei Phasen des Programms mit ein: seelisches Wachstum und fruchtbares Leben, Vorbereitung auf die Entlassung sowie Nachbetreuung.[420] Die drei bedeutungsvollen Elemente werden durch den biblischen Unterricht und Schulung, Arbeit, Lebensstil, gemeinnützige Arbeit, kontinuierliche Einzelberatung und den persönlichen Glauben in jeder Phase gut herausgestellt.[421]

Es ist schließlich festzustellen, dass die Gefangenen vor allem christliches Leben und den christlichen Gedanken als wichtigstes Element des IFI- Programms ansehen.

5.3.1.3 Ein transformatives Modell

Das IFI-Modell enthält wesentliche therapeutische Maßnahmen und fördert die innere und seelische Veränderung der Gefangenen durch die wunderbare Macht von Gottes Liebe und der Selbsterkennung der Sünde als Ursache ihres Problems. Das therapeutische Modell strebt nach der Versöhnung des Verhältnisses eines Gefangenen zu anderen Menschen Demgegenüber versucht das IFI-Modell, die Beziehung zu Gott durch eine Sinnesänderung herzustellen.[422] Das Modell bemüht

418 Johnson/Larson, S. 8f.

419 Hercik, S. 32.

420 Creighton, The Houston InnerChange Freedom Initiative, S. 3.

421 Hercik, S. 32f.

422 Änderung des Sinns ist ein unentrinnbares Resultat der Erneuerung, ein unabdingbarer Anteil von dem Bekehrungsprozess, das dem Gefangenen unter der Macht von dem Heiligen Geist geschehen wird, (Brandt, The White Paper, S. 2.)

sich besonders darum, dass die Gefangenen ihr neues Verhalten durch die Wiedergutmachung der Beziehung zu Gott aufbauen können.[423]

5.3.2 Verlauf des Programms

Im Verlauf des Programms konzentriert man sich auf die biblische Erziehung, eine qualifizierte Ausbildung, den persönlichen Glauben, die Beziehung mit der Familie und dem Opfer sowie der Gruppen- oder Einzelberatung, um eine erfolgreiche Wiedereingliederung in die Gesellschaft zu erreichen.

Das Programm läuft 18 bis 24 Monate, bevor die Gefangenen aus der Strafanstalt entlassen werden. Nach der Entlassung wird eine verlässliche Fortsetzung der Betreuung für einen Zeitraum von etwa 6 Monaten organisiert.[424] Das Programm besteht aus dem privaten und ehrenamtlichen Personal und läuft 24 Stunden pro Tag. Das Prinzip des Programms zeigt sich in einem auf der Bibel basierenden Programm mit einem Schwerpunkt zu seelischem Wachstum und moralischer Verbesserung.[425]

5.3.2.1 Erste Phase

Die erste Phase betont die biblische Erziehung. In dieser Phase wird versucht, den kriminellen Denkprozess umzuwandeln und eine Grundlage für die persönliche Entwicklung aufzubauen. Alle Elemente der ersten Phase sind Grundlage zur Erschaffung des geistigen Wachstums und des leistungsfähigen Lebens. Die Schüsselprogramme der ersten Phase schließen christliche Lebensqualitäten, die Beratung und das „Platane-Projekt" („Sycamore Tree Project") ein.

- Christliche Lebensqualitäten: die Begegnung mit Jesus, das Wachsen des Glaubens, die Gehorsamkeit und die Nachfolgen Jesus
- Beratung: Christliche Menschen aus der Gesellschaft treffen sich einzeln mit den Gefangenen auf ein Minimum von zwei Stunde pro Woche.
- Platane-Projekt: Das Projekt lehrt biblische Maßstäbe der Gerechtigkeit, die Prinzipien des Geständnisses, Buße, Vergebung sowie Versöhnung. Es stellt so den Strafgefangenen ein besseres Verständnis von dem Einfluss des Verbrechens auf die eigene Familie und Gesellschaft dar.

---

423 Brandt, The White Paper, S. 1.

424 Creighton, The Houston InnerChange Freedom Initiative, S. 2.

425 Hercik, S. 32.

5.3.2.2 Zweite Phase

Die zweite Phase des IFI-Programms dauert sechs bis zwölf Monate, Es werden Themen wie christliche Erziehung, das Bibel-Studium, die Beratung sowie die Betreuungsgruppen fortgeführt. Der wichtige Aspekt bei der zweiten Phase ist es, an gemeinnütziger Arbeit teilzunehmen. Während des Betriebs in einem anderen Werk können die Teilnehmer das Programm zur gemeinnützigen Arbeit durchführen.[426]

Den größten Teil des Tages verbringen die Gefangenen mit sozialem Dienst und sozialer Arbeit an einem Außenstandort.[427] Während der zweiten Phase kann erwartet werden, dass die Teilnehmer innerhalb des Programms in zunehmendem Maße in die Rolle des Leiters genommen werden.[428]

5.3.2.3 Dritte Phase (Abschluss des Programms)

Die dritte Phase des IFI-Programms ist die Wiederaufnahme im Sinne einer Nachsorge wie Bewährungshilfe und dauert ebenfalls sechs bis zwölf Monate. Die Aufgabe des Nachbetreuungsprogramms ist es, den erfolgreichen Neueintritt der Gefangenen in die Gesellschaft zu unterstützen. Den Gefangenen wird eine Arbeitsfreistellung gewährt oder sie werden an ein Übergangshaus übergeben, um den Übergangsprozess oder das Übergangsmanagement fortzuführen.[429] Bei dieser Phase ist der Mittelpunkt der Wohnraum, der Arbeitsplatz, die Gemeinschaft mit den Mentoren und die Verbindung zwischen den Strafgefangenen und der lokalen Gemeinde. Diese Verbindung bietet die Möglichkeit, dass eine pflegende Umgebung bereitgestellt wird, um das seelische Wachstum des ehemaligen Gefangenen weiterzuführen.[430]

5.3.3 Veränderungsprogramm: seelische Veränderung

5.3.3.1 Die seelischen Veränderung hinsichtlich der Rehabilitation

Jeder Mensch lebt nicht nur mit seinen äußerlichen Problemen, sondern auch seinen inneren und seelischen Problemen.[431] Die Menschen haben zudem ein inneres

---

426 Johnson/Larson, S. 9.

427 Die Teilnehmer des Programms machen den sozialen Dienst etwa sechs Stunden pro Tag.

428 Johnson/Larson, S. 9.

429 Pettway, S. 3.

430 Johnson/Larson, S. 9.

431 Karl R. Popper hat gesagt: „Das Problem der Beziehungen von Leib und Seele enthält das Problem der Freiheit des Menschen und es enthält der Stellung der Menschen enthält in der physischen Welt.“ (vgl. Böcker, S. 21ff.)

Bild von sich selbst. Es kann einerseits zum Guten führen, anderseits aber auch zum Schlechten. Besonders bei Strafgefangenen, die von Kindheit an große Makro- oder Mikroprobleme im Vergleich zu normalen Menschen hatten, ist das der Fall. Sehr wahrscheinlich brauchen sie eine konkrete und stufenweise Betreuung mit speziellen Maßnahmen, um ihre versteckten Probleme zu erkennen und zu lösen. Der Glaube hat die Macht, mit einer innerlichen Verbindung zu Gott metaphysische Dimensionen der Menschen zu öffnen und eine bisherige falsche Lebensführung ändern zu können. In der seelsorgerlichen Hilfe für den Gefangenen kommt die Verankerung des Resozialisierungsvollzugs besonders deutlich zum Ausdruck. Daher wird die seelische Transformation in Bezug auf den Ablass krimineller Aktivität vermittelt.

Von Anfang an interessiert sich nicht nur der Inhalt des IFI-Programms für das Ergebnis des Rückfalls, sondern auch für den Richtungsbereich der innerlichen und seelischen Änderung der Gefangenen. Ein höchstes Ziel von IFI ist es, den vollen Gebrauch eines biblischen Programms basierend auf seelischem Wachstum und moralischer Entwicklung zu machen. Die Erwartung ist, dass durch das biblisch begründete Programm die Rehabilitation als ein Strafvollzugsziel wesentlich verbessert wird.[432]

Seelische Veränderungen liefern einen neuen Sinn und Plan eines Lebens ohne Verbrechen. Aus diesem Grund beschäftigt sich das IFI-Programm mit dem christlichen Entwicklungsprogramm für seelische Veränderungen der Gefangenen. Die meisten Teilnehmer des IFI-Programms deuten darauf hin, dass das IFI-Programm sie zu Gott zurückführen kann und sie dazu veranlasst, ihr Leben neu zu bewerten.[433]

5.3.3.2 Fünf Themen der seelischen Veränderung

5.3.3.2.1 Thema 1: „Ich bin nicht mehr der, der ich einmal war.“

Beim Thema 1 liegt der Fokus auf der Identitätsfindung der Teilnehmer sowie einer Abkehr gegenüber der furchtbaren Vergangenheit. Der neu gefundene Glauben und die Wiederentdeckung eines verlorenengegangenen Glaubens in ihrer Kindheit ermöglicht es, nicht nur ein neues Leben zu beginnen, sondern auch ein Leben zu erfahren, in dem sie aufrichtig von Gott und den anderen geliebt werden

432 Johnson/Larson, S. 25.
433 Johnson/Larson, S. 31.

und sich selbst als gute Menschen sehen können, denen ihre vergangenen Sünden vergeben werden.[434]

Das erste Thema macht es den Teilnehmern bewusst, dass Gott ihnen eine neue Identität gegeben hat und sie somit göttliche Geschöpfe sind. Durch diese Erfahrung der Liebe Gottes können die Teilnehmer eine dramatische Abweichung von ihren vergangnen Fehlern erleben. Vergangene Verhaltensweise und -Strukturen müssen sie ablegen und auch jemandem seine Schuld vergeben.[435]

Beim Thema 1 „ Ich bin nicht mehr der, der ich einmal war.“ ist es vor allem wichtig, dass die Strafgefangenen erkannt haben, dass ihr früheres Verhalten gegenüber der Gesellschaft nicht hinnehmbar war.[436] In der Tat ist es so, dass die Personen, zu denen sie nun geworden sind, ihr früheres Verhalten verurteilt, da diese neue Person ein mehr prosoziales als ein antisoziales Verhalten schätzt und befürwortet[437].

5.3.3.2.2 Thema 2: Seelisches Wachstum

69 Prozent der Teilnehmer des IFI-Programms sprachen von ihrem Leben im Hinblick auf eine seelische Bewegung, die von wichtigen Wendepunkten oder Ereignissen positiv gekennzeichnet war. Seelisches Wachstum war demnach etwas, das den Gefangenen innerhalb des IFI-Programms sehr stark als Prozess betrachteten, der sich zwar entwickelte, aber noch weit vom Ziel entfernt lag. Damit sich ihre verfehlte Vergangenheit in etwas gegenwärtig Gutes wandelt, setzen die Gefangenen sogenannte „redemption scripts“ (Erlösungsschriften) ein.[438]

Beim Thema 2 ist es wichtig, dass der Mensch als ein ständig sich weiterzuentwickelndes Individuum anzusehen ist. Wichtig ist es, es zu bemerken, dass die Gefangenen über ihr eigenes seelisches Wachstum völlig überrascht und entsprechend ermutigt werden. Besonders Erlebnisse wie „wiedergeboren zu sein“ oder die Erkenntnis, dass Gott und die anderen sie lieben und sich um sie

434 Johnson/Larson, S. 26.

435 Johnson/Larson, S. 26.

436 Johnson/Larson, S. 32.

437 „Antisoziales Verhalten ist ein Entwicklungsmerkmal, das früh im Leben einsetzt und sich häufig in der Jugendzeit und im Erwachsendenleben fortsetzt. [...] Der Beginn antisozialen Verhalten liegt in dysfunktionalen Familien, die gekennzeichnet sind durch schroffe, harte, widersprüchliche Disziplin, wenig positive elterliche Beschäftigung mit dem Kind und schlechte Überwachung und Beaufsichtigung.“ (Zitat, Schneider, Hans Joachim, Theorien der Kriminologie, S. 148)

438 Johnson/Larson, S. 27.

kümmern, erscheinen als besonders bedeutende Wendepunke in ihrer seelischen Entwicklung.[439]

5.3.3.2.3 Thema 3: Gott gegen die Prisonisierung[440]

Wie bereits erwähnt, werden die Gefangenen von einer beobachteten Gefängnissubkultur in ihrem Leben und der Arbeit bei der Justizvollzugsanstalt beeinflusst.[441] Die in der Justizvollzugsanstalt herrschende Kultur liefert den Nährboden für eine entsprechende Einstellung, die Rehabilitierung oder Änderung als etwas Dienendes zur Anstalt begreift, nicht aber zu den Gefangenen.[442] Abgesehen von der Länge der abzusitzenden Strafe kann die Prisonisierung aber auch durch die Beziehungen zu den Mitgefangenen, die Erwartungen an die Zeit nach der Entlassung, die Intensität der Entfremdung von der freien Gesellschaft sowie eine Ablehnung der Institution beeinflusst werden.[443]

Die Gefangenen haben zwar gelernt, den Verhaltensanforderungen zu genügen, aber die Handlungskompetenz fehlt ihnen für das Leben außerhalb der Anstalt. Ein Teil des Vollzugspersonals sei der Meinung, dass das größte Hindernis für erfolgreiche Ergebnisse in den verschiedenen Behandlungs-Programmen darin bestehe[444], dass man nicht in der Lage sei, der schädlichen Wirkung der Gefängnissubkultur entgegenzuwirken. Obwohl es Untersuchungen zur Prisonisierung gibt, ist bislang wenig über ihre Wirkung auf Resozialisierung bzw. Rückfälligkeit bekannt.

---

439 Johnson/Larson, S. 32.

440 Clemmer hat den Einfluss als Prisonisierung definiert. Das Leben und sekundäre Adaption von einer unterscheidende Gefängniskultur sind ein Prozess, der als Prisonisierung bezeichnet wird. Anpassung an das Strafanstaltsleben verbindet mit einer Akkulturation an deviante Normen einer Subkultur. (Clemmer, S. 299ff.)

441 Für ein Individuum wäre es äußerst adaptiv, soziale Normen von anderen Mitgliedern einer Gesellschaft zu lernen. Mensch, die die Normen und Gewohnheiten einer Gesellschaft am besten lernen, sind diejenigen, die inen Überlebensvorteil haben. (Clemmer, S. 299f.)

442 Johnson/Larson, S. 28.

443 Laubenthal, S. 213f.

444 „Der vorherrschende, offene und sehr weite Behandlungsbegriff orientiert sich nicht an einer auf einen Krankheitsbegriff bezogenen Therapievorstellung, sondern erfasst neben medizinischen auch sozialtherapeutische und allgemeine Maßnahme wie z. B. Arbeit, Ausbildung, Unterricht und Beratung bei persönlichen und wirtschaftlichen Problemen und die Beteiligung an den gemein schaftlichen Aufgaben der Vollzugsanstalt.“ (Kaiser/Schöch, S. 165)

Der negative Einfluss der Subkultur kann gegenüber den Gefangenen von resozialisierenden oder therapeutischen Bemühungen bis hin zu Erpressung, Gewalt und Angst reichen.[445] Die Teilnehmer des IFI-Programms werden gelehrt, dass sie füreinander verantwortlich sind und für jegliche Regelverstöße der anderen einstehen.[446] Jedoch ist der wichtigste Streitpunkt, dass die Verantwortlichkeit nicht einfach so in den meisten Gefangenen entsteht. Trotz dieser Problematik gibt es bei den Gefangenen, die an dem Programm eine bestimmte Zeit teilgenommen hatten, dass sie besser in der Lage waren, sich mit dem Glauben an Gott der Prisonisierung bzw. Gefängnissubkultur[447] entgegenzustellen und sie sogar abzuschaffen.

5.3.3.2.4 Thema 4: Eine positive Sicht auf das Leben

Die Gefangenen, die regelmäßig an dem Programm teilgenommen haben, haben eine bessere Sicht auf das Leben, ihre gegenwärtige Lage und ihre Zukunft entwickelt.[448] Die Gefangenen haben eine hauptsächlich pessimistische oder fatalistische Einstellung gegenüber ihrer Zukunft. Sie neigen dazu, das Gefühl des Ausgeliefertseins als Mangel an Chancen anzusehen, der ihrer Meinung nach auf vergangene, soziale und wirtschaftliche Benachteiligungen zurückzuführen sei.[449]

Eine positive Sicht auf das Leben ist wichtig, denn es spiegelt bei vielen Strafgefangenen eine veränderte Sichtwiese wider, die von einer Hoffnung und einem neuen Aufbruch gekennzeichnet ist. Anstatt ihr Leben auf fatalistische Weise zu betrachten, sind sie mit einer positiven Sichtweise wesentlich stärker belastbar, wenn mögliche Schwierigkeiten während der Wiedereingliederung in die Gesellschaft auftauchen. In der Überzeugung, dass ihr Leben einen Sinn hat und im Wissen, dass sie von Gott und den anderen geliebt und angenommen worden sind, betrachten sie ihr Leben und ihre Lebensumstände mehr auf eine stabile Art und Weise, aber nicht negativ.[450]

---

445 Wiertz, S. 61f.

446 Johnson/Larson, S. 29.

447 „Der Begriff der Subkultur bezeichnet das Gesamt von Verhaltensmustern, Erwartungen, Auto und Heterostereotypen, Werten und Normvorstellungen innerhalb einer als relativ homogen angenommenen Gruppe von Gefangenen." (Wiertz, S. 59)

448 Johnson/Larson, S. 29.

449 Johnson/Larson, S. 30.

450 Johnson/Larson, S. 32.

5.3.3.2.5 Thema 5: Die Notwendigkeit, der Gesellschaft etwas zurückzugeben

Um den veränderten Zustand der Gefangenen zu rationalisieren, sollen die Gefangenen nicht im Gefängnis bleiben, sondern ein neues Leben in der Gesellschaft fortsetzen. Die meisten Teilnehmer fühlen sich verpflicht, im Zuge einer überwältigenden Sehnsucht nach der Gesellschaft einen positiven Beitrag zur Gesellschaft zu leisten. Sie drücken einen ungewöhnlichen Drang der Dankbarkeit für neues Leben aus und wollen der Gesellschaft etwas zurückgeben oder einen Beitrag zur Verbesserung der Situation anderer Menschen leisten. Durch ihren Beitrag zur Gesellschaft können die Gefangenen sich den notwendigen Glauben an objektive Realität und Praxis erhalten und ein neues resozialisiertes Leben erleben.[451]

5.3.4 Wirkung des IFI-Programms

Es gibt eine Studie über die Auswirkung des christlichen Programms. Im Ergebnis wird gezeigt, dass die Gefangenen, die an dem Programm aktiv und treu teilgenommen haben, niedrigere Rückfallquoten nach der Entlassung haben.[452] IFI führt derzeit in sechs US-Bundesstaaten (Texas, Kansas, Tennessee, Missouri, Minnesota und Arkansas) ihr Programm in der Zusammenarbeit mit dem Staat durch.[453] Das Programm ist bisher noch zu keinem bemerkenswerten Ergebnis gekommen. Jedoch kann man feststellen, dass das IFI-Programm in Hinsicht auf die Resozialisierung der Gefangenen eine positive Auswirkung gezeigt hat.[454]

5.3.4.1 Ergebnis des Programms in Texas

Im Allgemeinen bezeichnet der Rückfallbegriff „die Rückkehr in einen früheren schlechten Zustand“.[455] In der Strafanstalt bilden sich subkulturelle Systeme, und es entsteht eine subkulturelle Identität, durch die nach der Entlassung Rückfälle begünstigt werden.[456] Es ist sehr schwer, die Gefahr eines Rückfalls der Gefangenen zu vermeiden.

Anhand der nachfolgenden Tabelle kann die Rückfallsquote der Teilnehmergruppe des IFI-Programms und der Nicht-eilnehmergruppen am IFI-Programm

451 Johnson/Larson, S. 32f.
452 Clear/Sumter, S. 127f.; Johnson/Larson/Pitts, S. 145ff.
453 Pettway, S. 3f.
454 Pettway, S. 3f
455 Schäffer, S. 168f.
456 Schäffer, S. 168.

verglichen werden. In der Vergleichsgruppe befinden sich die Straftäter, die einen herkömmlichen Justizvollzugsanstaltsaufenthalt hatten.

Gruppe	**Haft innerhalb von zwei Jahren nach der Entlassung (in %)**	**Freiheitsstrafe innerhalb von zwei Jahren nach der Entlassung (in %)**
IFI		
Absolventen	17,3	8,0
Nicht-Absolventen	50,0	36,3
Alle Teilnehmer	36,2	24,3
Vergleichsgruppe		
Gruppe 1(Match)	35,0	20,3
Gruppe 2 (Volunteer)	29,3	19,1
Gruppe 3 (Screened)	34,9	22,3

Abb. 2: Das Ergebnis der Gesamtsrückfälligkeit des Programms[457]

Während nur 17,3% der Absolventen des Programms rückfällig geworden sind, sind es dagegen 35 Prozent der Gruppe 1 und 50 Prozent der Nicht-Absolventen. Außerdem sind nur acht Prozent der Absolventen zu einer Freiheitsstrafe verurteilt worden, demgegenüber jedoch 20,3% der Gruppe 1. Bei den Nicht-Absolventen, die zwar das Programm begonnen, aber nicht abschlossen haben, sind es sogar 36,2%. Man kann ableiten, dass eine niedrige Rückfälligkeit ehemaliger Strafgefangenen im Zusammenhang mit dem Abschluss des Programms steht und jene Gefangenen, die das Programm vollständig absolviert haben, eine sehr niedrige Rückfallsquote haben. Die Rückfälligkeit kann zwar durch das IFI-Programm nicht vollständig eliminiert werden, es hat aber einen großen und positiven Einfluss auf die Rückfallquote.

5.3.4.2 Beziehung zwischen Staat und IFI

Das IFI ist nur für das Programm und die Gefangenen verantwortlich und der Staat ist verantwortlich für Sicherheit und Aufsicht. Derzeit versorgt PFI das IFI

457 Trusty/Eisenberg, Initial Process, S. 22.

mit einer finanziellen Hilfe, um folgende Kosten abzudecken: Gehälter und Unterstützungsleitungen des Programmspersonals, Kosten der erzieherischen und pädagogischen Materialien für das Programm und Schulung des Personal und der Ehrenamtlichen. Der Staat (TDJC) deckt dagegen die Kosten für die Sicherheit und den Betrieb der Justizvollzugsanstalt. [458]

Der Staat (TDJC) und PFI haben eine einzigartige „Public Privat Partnership" gebildet. Durch die Zusammenarbeit sollen auch Vorteile für die Allgemeinheit entstehen, wie eine Reduzierung der Rückfälligkeit und die dadurch erhöhte, öffentliche Sicherheit.

5.3.5 Zusammenfassung

Das IFI-Programm versucht, nicht nur die Gefangenen, sondern auch die Gefängniskultur zu verändern, die durch abweichendes, delinquentes oder kriminelles Verhalten beherrscht wird, um die Entwicklung des prosozialen Verhaltens zu fördern.[459] Zusätzlich sorgt sich die IFI um die erforderliche Nachbetreuung der Gefangenen nach der Entlassung aus der Justizvollzugsanstalt. Für die Entlassenen stehen ebenso Arbeitsangebote als auch Unterstützung bei der Wohnungssuche zur Verfügung. In der Tat wird ein großer Teil der gesamten Aufgaben auf die Nachsorge der Entlassenen gesetzt.[460]

Es ist festzustellen, dass das IFI-Programm ein konkretes Ziel hat, um die Gefangenen in die Gesellschaft wieder einzugliedern und das gesamte Strafvollzugsziel zu erreichen.

5.4 The Transition of Prisoners (TOP)

Das Programm TOP in Detroit und Michigan besteht aus einem christlich fundierten Nachbetreuungsprogramm, das für die Ex-Gefangenen und ihre Familien seit 1933 verantwortlich ist. In erster Linie beschäftigt sich das Programm mit der Zusammenarbeit von Gemeinde, Familie und anderen Hilfsmitteln inbesondere mit den risikoreichen Afroamerikanern.[461]

---

458 Johnson/Larson, S. 8f.
459 Johnson/Larson, S. 50.
460 Johnson/Larson, S. 50.
461 Hercik, S. 31.

5.4.1 Ziel

Das TOP-Programm versucht, einen erfolgreichen Übergang der Gefangenen der Justizvollzugsanstalt in die Gesellschaft zu ermöglichen, sie zu fördern und auszubilden. Um die Wiedereingliederung des Gefangenen in die Gesellschaft zu erreichen, fördert das Programm die folgenden vier wichtigen Ziele: (1) die Entwicklung einer Gemeinschaft mit Gott und der Kirche, (2) die Festigung des Anschlusses an Arbeit, Familie, Erziehung, Politik und Religion, (3) das Vermeiden der Verbindungen zu den Mitgefangenen und kriminellen Denkweisen, und (4) die Verringerung der Rückfälligkeit.[462]

Das TOP-Programm betont die Rolle der sozialen Integration der ehemaligen Strafgefangenen. Aus diesem Grund bemüht es sich darum, dass die Teilnehmer ihren Anschluss zu prosozialen Institutionen oder Bereichen wie der Familie, dem Arbeitsleben und der Gemeinde verstärken können und dagegen die Verbindung mit Drogenmissbrauch und antisozialem Verhalten vermindert werden. Es offeriert Beratungsdienste in Bezug auf die Programmentwicklung, Plan, Einschätzung und Nachbetreuungsstrategie der Gemeinde.

5.4.2 Wichtigste Elemente

Dieses Programm enthält vor allem „Case Management"[463] und wöchentlich die sogenannte „Moral Reconation Therapy"[464] im Rahmen des Bibellernens und des spirituellen Aufbaus. Case Management entwickelte sich im Rahmen des TOP-Programms als offizielles Übergangsmodell. Der Teilnehmer wird an einen

462 Hercik, S. 31.

463 „Case Management bezeichnet einen Prozess der Hilfestellung für Menschen, deren Leben unbefriedigend verläuft oder nicht gelingt, weil viele Probleme vorhanden sind, welche [sic] die Unterstützung zugleich von mehreren Helfern erforderlich machen. Case Management weist zwei Akzente auf: Einerseits konzentriert sie sich auf die Entwicklung oder Verbesserung eines Ressourcen-Netzwerks […], [andererseits] das Unterstützungsmanagement auf die Stärkung der persönlichen Befähigung des Klienten, Hilfsquellen zu erreichen und das Netzwerk der Ressourcen nutzen zu können." Dieses wurde zuerst im Bereich der Rehabilitation eingeführt. Das TOP Programm hat diese Theorie für Rehabilitation der Gefangenen weiterentwickelt. (Wendt, S. 56f.)

464 Moral Reconation Therapy(MRT) ist das Behandlungssystem des kognitiven und innovativen Verhalten für Straftäter und Risikogruppe, vgl. www.moral-reconation-therapy.com.

Mentor als Manager verwiesen, der helfen kann, spezifische Ziele und Strategien zu erreichen und die Zusammenarbeit mit der Gemeinde und dem Pastor zu erhöhen.[465] Durch die individuelle und sorgfältige Einschätzung oder Diagnose kann jeder Teilnehmer eine passende und nötige Hilfe bekommen.[466]

Die Moral Reconation Therapy konzentriert sich systematisch fünf auf grundlegende Behandlungsinteressen: Konfrontation des Glaubens, Haltung und Verhalten, die Einschätzung der gegenwärtigen Verhältnisse, die Verstärkung des positiven Verhaltens und der Gewohnheiten, positive Identitätsentwicklung. Die Teilnehmer bleiben bis zu zwei Jahre nach der Entlassung aus dem Gefängnis in dem Programm, um sicherstellen zu können, dass die Ziele erfolgreich erreicht werden.[467]

---

465 Hercik S. 31f.; Bolkas, S. 34.

466 In Deutschland ist Case Management erforderlich als Bestandteil der Bewährungshilfe für den jugendlichen Straftäter und wird seitens des Jugendgerichts in die Wege geleitet. (Wendt, S. 82)

467 Bolkas, 32f.

6. Die Einführung der christlich-privaten Justizvollzugsanstalt in Südkorea

6.1 Hintergründe der Privatisierung der Justizvollzugsanstalt

6.1.1 Gegenwart des Strafvollzugs in Südkorea

In Südkorea gibt es keine besonderen Gründe, so wie in anderen Ländern, eine private Justizvollzugsanstalt einzuführen. Allerdings haben während wirtschaftlicher Krise Straftaten aus ökonomischen Gründen tatsächlich ständig zugenommen. Bei der wirtschaftlichen Krise 1997/98 hatte die Regierung kein soziales Netz, so dass die Krise die soziale Situation zunehmend verschlechtert hatte. Soziale Konflikte und soziale Unsicherheit brachten eine höhere Kriminalitätsrate und diverse damit verbundene, schlechte Umgangsformen.

In diesem Zusammenhang bemühte sich die südkoreanische Regierung besonders um Programme zur Resozialisierung. Dabei steht die Wiedereingliederung der aus der Haft Entlassenen in die Gesellschaft im Vordergrund. Dieses geschieht hauptsächlich durch eine Berufstätigkeit und Beteiligung der Bürger am Strafvollzugssystem.[468] Trotz aller Bemühungen des Staats bleibt es in der Tat jedoch schwierig, die Anzahl der Überbelegung in den Justizvollzugsanstalten zu reduzieren.

Jahr / Teilung	2001	2002	2003	2004	2005	2006	2007	2008	2009
Belegungsfähigkeit	59,130	58,440	44,350	46,150	46,090	47,390	43,100	43,100	45,930
Belegung	62,235	61,084	58,945	57,184	52,403	46,721	46,313	47,966	48,288
Prozent	105	104	135	123	113	98	107	110	105

Abb. 3: Die Anzahl der Belegungsfähigkeit und Belegung[469]

468 Justizministerium, Justizvollzugsjahresbericht 2006, S. 288f.

469 Korea Correctional Service, Die Zahl der Belegungsfähigkeit und Belegung, http://www.corrections.go.kr.

Die Tabelle zeigt die Anzahl der Belegungsfähigkeit und die Belegung. Es kann festgestellt werden, dass die Belegungsanzahl noch nicht deutlich abgenommen hat. Ohne qualifizierte Betreuung ist es unmöglich, eine niedrige Rückfallsrate mit erfolgreicher Verbesserung und Resozialisierung während der Haft der Gefangenen zu erbringen.[470] Für die Betreuung der Strafgefangenen und Maßnahmen zur Wiedereingliederung in die Gesellschaft ist ein neues gesellschafts- und kriminalpolitisches Strafvollzugssystem notwenig. Aus diesem Grund hat die Regierung die Einführung privater Justizvollzugsanstalten als neuen Weg unter dem Motto „Modernisierung des Strafvollzugs" begrüßt.[471]

Die Einführung einer privaten Justizvollzugsanstalt resultiert somit aus der Verantwortung für die Entwicklung straffällig gewordener Menschen sowohl während des Aufenthalts in der Justizvollzugsanstalt als auch für ihre Wiedereingliederung in die Gesellschaft nach Verbüßung ihrer Strafe. Eine private Justizvollzugsanstalt kann in dieser Hinsicht ein Ausweg aus den bestehenden Problemen bieten und sogleich eine praktische Umsetzung des Strafvollzugswesens und des Vollzugsziels bedeuten.

6.1.2 Entstehung der christlich-privaten Justizvollzugsanstalt

Im Hinblick auf das Ziel, einer Privatisierung einer Justizvollzugsanstalt, sind nach § 1 PSG zwei Aufgaben zu finden. Eine Aufgabe ist, die Effizienz der zu erbringenden Leistungen zu erhöhen. Man nimmt gemeinhin an, dass die Privatisierung die ökonomische Effizienz verbessert. Durch die Übertragung auf den privaten Sektor können im Betriebsbereich einer privaten Justizvollzugsanstalt mehr Dienstleistungen aufgewendet werden. Eine andere Aufgabe ist, eine bessere Behandlungsqualität der Gefangenen zu erreichen und die erfolgreiche Wiedereingliederung der Gefangenen in die Gesellschaft zu fördern. In der kriminologischen Forschung bemüht man sich weitgehend darum, dem Erreichen des gesetzlich vorgegebenen Vollzugsziels, nämlich der Resozialisierung bzw. Wiedereingliederung in die Gesellschaft, mehr Geltung zu verschaffen.[472] In einer privaten Justizvollzugsanstalt können, bezogen auf die Wiedereingliederung der Gefangenen, besondere unterschiedliche Behandlungsmaßnahmen entwickelt und umgesetzt werden.

---

470 Vgl. Bernhardt, S. 47

471 Justizministerium in Südkorea, Justizvollzugsjahresbericht 2006, S. 220ff.

472 Kil Seo Park, S. 93f.

In den letzen Jahren wird die Mitwirkung der christlichen Hilfe im Bereich des Strafvollzugs als bemerkenswertes Vorbild eingeführt. In erster Linie ist die Hilfe ein Angebot, das auf das biblische Evangelium zurückzuführen ist[473] und damit Teil einer umfassenden Integrationsbemühung zur Bewahrung der Menschlichkeit in der Justizvollzugsanstalt ist. Sie orientiert sich an dem jeweils gegebenen individuellen Bedarf und wird als beratende, begleitende und unterstützende Hilfe gebraucht. Von Anfang an beteiligten sich christliche Verbände in Südkorea mit den Hilfsmaßnahmen. Sie sind dabei zwar abhängig vom gesetzlich vorgeschriebenen Strafvollzug für die Gefangenen und Haftentlassenen, aber diese entwickelten christlichen Maßnahmen sind in der Realität ebenso hilfreich wie andere Angebote. Aus dem Bereich des Strafvollzugs werden der christliche Dienst und der Dienst anderer Religionsgemeinschaften von der Gesellschaft akzeptiert.

Religion	Insgesamt	evangelisch	buddhistisch	katholisch	Übrige	Keine
Anzahl	32,197	13,210	8,338	5,248	1,034	4,358
Anteil (in %)	100	41	25.9	16.3	3.3	13.5

Abb. 4: Strafgefangene nach Religion[474]

Vor diesem Hintergrund will die südkoreanische Regierung durch eine Kooperation zwischen Kirche und Staat[475] im Rahmen der Möglichkeiten zu einem verbesserten Strafvollzug erheblich beitragen. „Zum heutigen Dienst der Kirche im politisch-gesellschaftlichen Raum gehört es, eigene Initiativen und Institutionen zu schaffen, wo dies erforderlich ist, um an der Entwicklung der Gesellschaft mitzuwirken.“[476]

Durch das Auswahlverfahren des Auftragsnehmers wurde eine christliche Gemeinschaft mit Namen „Agape“ für diese Aufgaben bestimmt. Am 12.2.2003 wurde zwischen Justizministerium und Agape ein Übertragungsvertrag für die Einrichtung und den Betrieb einer privaten Justizvollzugsanstalt abgeschlossen.[477] Weiterhin wurde ein Probebetrieb der privaten Justizvollzugsanstalt 2005

473 Lukas Evangelium 14,23.

474 Justizministerium in Südkorea, Justizvollzugsjahresbericht 2009, S. 223.

475 In Deutschland wird das Verhältnis zwischen Staat und Kirche komplett getrennt.

476 Becher, S. 195, http://www.dbk.de/fileadmin/redaktion/Synoden/gemeinsame_Synode/band2/29_Staat_und_Gesellschaft.pdf.

477 Sang-Chul Nam, S. 290.

umgesetzt, der durch Agape sechs Monate lang bei einer staatlichen Justizvollzugsanstalt betrieben wurden.[478] Als ein Teil des Strafvollzugssystems setzt sich eine christlich-private Justizvollzugsanstalt eher für Integration statt Ausgrenzung und Therapie statt Strafe durch besondere christliche Maßnahmen ein, deren Ergebnis zur Verbesserung der Lebenssituation der Betroffenen führt und letztlich zu einer Gesellschaft mit den christlichen Werten beiträgt.[479]

6.2 Analyse über das Gesetz zur privaten Justizvollzugsanstalt

Das Gesetz zur privaten Justizvollzugsanstalt (PSG) ist in sieben Abschnitte gegliedert. Diese betreffen allgemeine Bestimmung (Abs. 1), juristische Person (Abs. 2), Einrichtung und Betrieb (Abs. 3), Personal (Abs. 4), Unterstützung und Aufsicht (Abs. 5), sonstige Vorschriften (Abs. 6) sowie Strafbestimmung (Abs. 7). Im Folgenden werden die herausragenden Besonderheiten des Gesetzes analysiert.

6.2.1 Entwicklung des Gesetzes zur privaten Justizvollzugsanstalt

Beim Erlass des PSG hat der koreanische Christenrat eine bedeutsame Rolle gespielt. Seit 1995 hat der koreanische Christenrat Interesse an einem besonderen Strafvollzugssystem, weil angesichts hoher Rückfälligkeit eine Verbesserung der Wiedereingliederung der Gefangenen notwenig erschien. Daher forderte der koreanische Christenrat die Regierung auf, ein privates Justizvollzugsanstaltssystem einzuführen.[480] Aufgrund der christlichen Weltanschauung ist es besonderes Anliegen christlicher Institutionen, die Vollzugsaufgaben für eine bessere Wiedereingliederung nach der Entlassung der Strafgefangenen zu übernehmen und durchzusetzen.[481]

Das Justizministerium in Südkorea hat dafür eine Projektgruppe für die Modernisierung und Verbesserung im Strafvollzug beauftragt, über derartige Projekte im Ausland zu forschen und einer Prüfung zu unterziehen. Nach dieser Untersuchung trafen die Parteien und das Justizministerium eine Entscheidung, sich mit einem Gesetz zur

478 Justizministerium, Justizvollzugsjahresbericht 2006, S. 210f.

479 Sang-Chul Nam, S. 291f.

480 Jong Dae Bae/Seung Hwan Jung, S. 160.

481 Ki Won Kim, On Private Prison, S. 53.

privaten Justizvollzugsanstalt zu befassen. Im Juli 1999 ist der amtliche Entwurf vorgelegt worden und im Dezember 1999 nach der Änderung des Strafvollzugsgesetzes wurde das Gesetz als Grundlage für eine private Justizvollzugsanstalt verabschiedet. Am 28.1.2001 wurde das Gesetz erlassen und am 10.7 2001 trat es in Kraft.

6.2.2 Juristische Vollzugsperson

Juristische Vollzugsperson bedeutet, dass durch eine umfangreiche Übertragung der Vollzugsaufgaben seitens des Justizministeriums die Justizvollzugsanstalten für die Freiheits- und Jugendstrafen, die Untersuchungshaft und sonstige Freiheitsentziehungen errichtet und betrieben werden (§ 2 Abs. 3 PSG).[482]

Bei der Ausübung der Vollzugsaufgaben kann die juristische Vollzugsperson selbst Träger des Rechts und der Pflicht im Rahmen des Gesetzes und des Vertrags sein. Die juristische Vollzugsperson als Auftragsnehmer baut, betreibt und behält eine neue Justizvollzugsanstalt. Wenn eine juristische Person einen Auftrag der Vollzugsaufgaben vom Justizministerium bekommt, soll in ihrer Satzung die Einrichtung und der Betrieb zur privaten Justizvollzugsanstalt vorgeschrieben sein (§ 10 Abs. 1 PSG).

6.2.3 Privatisierbare Vollzugsaufgaben und Behandlung der Gefangenen

I.S.d. PSG ist eine Vollprivatisierung des Strafvollzugs in Südkorea rechtlich zulässig. Nach der Untersuchung kann der Justizminister die individuellen oder auch umfangreichen Vollzugsaufgaben auf private Anbieter übertragen.

Die Aufgaben der privaten Justizvollzugsanstalt sind Aufnahme und Behandlung, berufliche Ausbildung, Gefängnisarbeit, Trennung und Differenzierung der Gefangenen sowie der Dienst nach StVollzG (§ 2 Abs. 1 PSG). Das bedeutet, dass alle Vollzugsaufgaben auf private Träger übertragen werden dürfen und die Verantwortung für die Aufgaben nicht beim Staat liegen, sondern auf den Anstaltsleiter übertragen werden. In allen Bereichen sollen die Gefangenen mit den gleichen

482 Nach § 2 Abs. 3 PSG kann eine juristische Person unabhängig vom eingetragenen Verein (e.V.) mit Gewinnzweck und ohne Gewinnzweck eine juristische Vollzugsperson sein, oder eine Personenvereinigung oder eine Vermögensmasse, die aufgrund gesetzlicher Anerkennung rechtsfähig ist, d.h., selbst Träger der Rechte und Pflichten sein können. (§ 2 Abs. 3 PSG)

Maßnahmen wie bei einer staatlichen Justizvollzugsanstalt behandelt werden (§ 25 Abs. 1 PSG).

Juristische Vollzugsperson können die Aufnahmen eines Gefangenen nicht ablehnen, auch wenn besondere Gründe vorliegen sollten, es sei denn, es sprechen wichtige Gründe dagegen. Sie kann eine mögliche Verlegung des Gefangenen in eine andere, dafür zuständige Anstalt erst mit einer Genehmigungsbeantragung beim Justizminister durchführen (§ 25 Abs. 2 PSG). Die Gefangenen können nicht zu einer bestimmten Religion oder einem weltanschaulichen Bekenntnis vom Anstaltsleiter oder vom Personal gezwungen werden, damit die Religionsfreiheit gemäß Art. 20 der südkoreanischen Verfassung unversehrt bleibt.

6.2.4 Personal

Auswahl und Anstellung des Personals einer privaten Justizvollzugsanstalt werden durch eine juristische Vollzugsperson durchgeführt. Der Vorstand dieser juristischen Vollzugsperson ernennt einen Anstaltsleiter der Justizvollzugsanstalt. Die von der juristischen Vollzugsperson ausgewählten Mitarbeiterinnen und Mitarbeiter sind dazu verpflichtet, an den im Bereich des Strafvollzugs angesetzten Fortbildungsveranstaltungen für entsprechende berufliche Qualifikationen teilzunehmen, um auf die Besonderheiten ihrer Tätigkeiten im Strafvollzug vorzubereiten. Im Rahmen des Vertrags übt das Personal alle Aufgaben eines Vollzugsbeamten aus (§ 30 PSG) und ist daher bei der Ausübung der Aufgaben verpflichtet, sie ebenso wie ein staatlicher Vollzugsbeamter auszuführen (§ 30 Abs. 2 PSG).

6.2.5 Unterstützung und Aufsicht durch den Staat

Wenn es erforderlich ist, wird auf Antrag des Anstaltsleiters ein Vollzugsbeamter vom Justizministerium entsendet, um die Vollzugsaufgaben im Bereich des Strafvollzugs zu unterstützen (§ 32 PSG). Die Ausübung der Vollzugsaufgaben durch die Beschäftigten und die Aufgaben in Bezug auf den Betrieb der Justizvollzugsanstalt müssen durch den Staat kontrolliert und ihm berichtet werden. Wenn es notwendig ist, kann der Justizminister dem privaten Betreiber eine Dienstanweisung oder eine Verordnung erteilen (§ 33 Abs. 1 PSG). Allerdings muss der Aspekt der Bildung und Verbesserung der Gefangenen durch die zuständige juristische Vollzugsperson besonders berücksichtigt werden, um ein kreatives und selbstständiges Resozialisierungsprogramm zu entwickeln.

Wenn es gemäß § 33 Abs. 1 PSG notwendig ist, dann soll ein Vollzugsbeamter als Aufseher in die private Justizvollzugsanstalt entsendet werden, um den Dienst zu lehren und zu beaufsichtigen. Die juristische Person oder der Anstaltsleiter müssen die Ausübung des Diensts des Personals beaufsichtigen und dafür Sorge tragen, den Angestellten die notwendige berufliche Schulung zukommen zu lassen.

6.3 Christlich-private Justizvollzugsanstalt

Eine christlich-privatisierte Justizvollzugsanstalt soll die erste vollprivatisierte Justizvollzugsanstalt in Südkorea sein. Sie wird im Grundsatz besondere christliche Behandlungsprogramme in Bezug auf den Glauben, die Lebensfähigkeit sowie die soziale Integration der Gefangenen und Haftentlassenen zur Verfügung stellen. Im folgenden Teil wird das christliche Programm dieser privaten Justizvollzugsanstalt in Anlehnung an die Erfahrung des Probebetriebs dargestellt.

6.3.1 Aspekte der christlich-privaten Justizvollzugsanstalt

Nach heutigem Selbstverständnis der christlichen Religion in Südkorea ist die Entwicklungshilfe in verschiedenen Bereichen der Gesellschaft ein wichtiger Bestandteil der Arbeit der Kirchen[483], wie im Folgenden ausgeführt wird.

6.3.1.1 Straftheoretische Aspekte

Im Zusammenhang mit der positiven Spezialprävention kristallisierte sich immer deutlicher der Aspekt der Resozialisierung im Sinn einer Wiedergutmachung und Wiedereingliederung des Strafgefangenen in die Gesellschaft als wichtiger Bestandteil der Strafe heraus.[484] Präventiv dürfte der wichtigste Effekt in der positiven Wirkung auf den Gefangenen in der Besserung liegen.[485]

Der Aufenthalt in der Justizvollzugsanstalt soll den Gefangenen zu einem besseren Mitglied der Gesellschaft machen und ihn resozialisieren. Trotz der Änderung des Ziels im Strafvollzug von „Vergeltung“ von Immanuel Kant und G.W.F.

---

483 Im Vordergrund steht unter anderem die für die kirchliche Entwicklungshilfe in der Dritten Welt äußerst relevante Frage nach dem Verhältnis der kirchlichen Entwicklungshilfeeinrichtungen zu „Nicht-Christen“. (Herrmann, S. 28.)

484 Heinichen, S. 7.

485 Meier, S. 239.

Hegel hin zu „Prävention" bei Franz von Liszt wird in der Tat auf die Rückfallquote weniger Einfluss genommen. Der Grund liegt darin, dass die legitimatorische Kraft eines Strafzweckes, der allein der Prävention dient, ausschließlich von staatlicher Kriminalpolitik abhängt.[486] Daher wird die Ausrichtung des neueren straftheoretischen und kriminalpolitischen Denkens mit verschiedenen Maßnahmen durchgeführt. Am weitesten geht es hierbei in eine Richtung, die die staatliche Strafrechtspflege durch gesellschaftliche Vermittlungsinstanzen abgelöst sehen würde.[487] Die Straftaten können nicht nur mit strafrechtlichen Instrumenten, sondern auch auf anderen Wegen verhindert werden.

Die christlich-private Justizvollzugsanstalt knüpft aufgrund der Ideologie des Christentums an eine differenzierende Behandlungsstrategie in Südkorea an. Die christliche Sicht bejaht die Verantwortung des Einzelnen für sein eignes Leben, und die Kirchen können sich mit dem Gefangenen befassen und die so entstehenden Probleme überdenken. Christliche Theologie und die christliche Kirche sollten daher wichtige Aufgaben im Bereich des Strafvollzugs in Betracht ziehen, damit sie aktiv einen wichtigen Beitrag zur Funktionalität der Gesellschaft leisten können.

6.3.1.2 Missionarische Aspekte

Viele Gefangene träumen während des Aufenthaltas in der Justizvollzugsanstalt einerseits von einer besseren Zukunft, die ihnen nach der Entlassung bevorsteht. Andererseits kommt es zu einer inneren Verbitterung über die verlorenen Jahre in der Justizvollzugsanstalt, die sich zuerst gegen den Staat und schließlich die gesamte Gesellschaft richtet.[488] Die beste Hilfe für die Gefangenen sind jene Menschen, die sich zu dem Gespräch, der Hilfe und Betreuung im weitesten Sinne anbieten und auch dazu in der Lage sind.

In früher Zeit widmeten sich die Kirchen in erster Linie der Aufgabe, das Evangelium zu verkünden. Doch nun verknüpfen sie dies mit der Leistung der Entwicklungshilfe, nicht zuletzt, um in der heutigen Gesellschaft an Vertrauen zu gewinnen. Die Kirche ist nicht nur sozialer Raum, sondern vor allem der Ort der Wahrnehmung des geistlichen Auftrages der Kirche.[489] Die christliche Hilfe bietet durch das Evangelium zudem sehr persönlich zwischen der menschlichen und geistlich geprägten Beziehung an. In den Kirchen und Gemeinden werden die

486 Göppinger, S. 566f.
487 Göppinger, S. 567.
488 Strafe: Tor zur Versöhnung?, S. 45.
489 Harder/Harder-Sdzuj, S. 99.

Christen herausgefordert, dem Evangelium entsprechend die Wiedereingliederung der Gefangene und Straffälliger zu fördern. Die Realität des Strafvollzugs lässt sich allerdings schwer mit der Aufgabe vereinen, das Evangelium zu veranschaulichen und die Justizvollzugsanstalt als Praxisfeld des christlichen Glaubens zu erleben.[490] Die protestantischen Kirchen in Südkorea nutzen ihre Hilfeprogramme in hohem Maße als ein Mittel zur Missionierung in der Gesellschaft.[491] Vor diesem Hintergrund möchten die Kirchen ein Teil ihrer missionischen Aufgabe für die Strafgefangenen in einer christlichen Justizvollzugsanstalt ausüben.[492] Wenn die Strafgefangenen mit qualifizierter Hilfe eines christlichen Behandlungsprogramms und der Nachbetreuung bei einer christlichen Institution wieder erfolgreich gebessert würden, könnte ein hilfreiches Mittel auf die Rückfallsrate sein.

6.3.1.3 Gesellschaftliche Aspekte

Die Kirche kann als ein Grundpfeiler der Gesellschaft betrachtet werden und unserer Gesellschaft eine wichtige Botschaft überbringen. In der Tat leistet besonders die christliche Religion einen großen Beitrag zur Entstehung der modernen Organisationsgesellschaft, mit der Folge, dass die Kirche sich als intermediäre Organisation herausbildet hat.[493]

In den letzen Jahren erfuhr das Christentum in Südkorea trotz seiner noch jungen Geschichte ein übermäßiges Wachstum.[494] In den Kirchengemeinden finden die von heute auf morgen in die Arbeitslosigkeit und Armut gestürzten Menschen materielle Versorgung, psychische Betreuung und geistliche Zuwendung. Die Religion, Kultur sowie Politik sind eng ineinander verwoben und sie werden von den wechselseitigen Instrumentalisierungen bestimmt.[495] Aufgrund ihrer Finanzkraft sind die christlichen Gemeinschaften in der Lage, zahlreiche Projekte in den verschieden Bereichen auf die Beine zu stellen, die sie zugleich öffentlichkeitswirksam präsentieren, um für sich selbst zu werben. Sie haben so stets

---

490 Strafe: Tor zur Versöhnung?, S. 44.

491 Wippermann, Zwischen den Kulturen, S. 20.

492 Matthäus 25,36.

493 Hochschild, S. 78f.

494 „Das rasante Wachstum der christlichen Kirchen seit den [1960er] Jahren, ihre gegenwärtige Rolle in der Wirtschaftskrise und ihr unterschiedliches Image in der Bevölkerung hängen eng zusammen mit der je anderen politischen Situation, in ihrer eigenen unterschiedlichen Position und Strategie während der Gründungsphase.“ (Wippermann, Die gesellschaftliche Rolle der christlichen Kirchen in Südkorea, S. 1)

495 Wippermann, Zwischen den Kulturen, S. 1; Schwitzer, S. 55.

ein waches Auge auf gesellschaftliche Entwicklung, erkennen schnell Bedürfnisse und regieren auf diese umgehend mit bemerkenswerter Einsatzbereitschaft, Flexibilität und Kreativität.[496] Vor diesen Hintergründen kann das öffentliche Interesse an christliche Justizvollzugsanstalt als eine gesellschaftliche Herausforderung und einen Auftrag der christlichen Gemeinschaft angesehen werden. Darüber hinaus kann eine effizienzsteigernde Kooperation zwischen der Kirche und dem Staat zur fundamentalen Hilfe zugunsten der Gesellschaft mit der Vorbildfunktion für staatliche Einrichtung werden. Auf diese Weise wollen die christlichen Gemeinschaften in Südkorea dazu beitragen, die erfolgreiche Wiedereingliederung der Gefangenen mit einer umfassenden Betreuung verbessern und darüber hinaus den Erfordernissen der Funktionalität im Strafvollzug nachkommen. Mit der Nutzung der Kirche im gesellschaftlichen Interesse kann einen angemessenen Beitrag zur erfolgreichen Resozialisierung als Vollzugsziel geleistet werden.

6.3.2 Christian Correction for Reconciliation (CCR)

Die private Justizvollzugsanstalt in Südkorea ist eine neue innovative christliche Gemeinschaft, die nach dem Motto "Christian Correction for Reconciliation" agiert und eine Straftheorie beschreibt, die auf der Wiedergutmachung beruht.[497] Das sogenannte Programm "Christian Correction for Reconciliation" basiert auf dem APAC- Programm in Brasilien und IFI- Programm in den USA, nimmt jedoch zugleich Rücksicht auf südkoreanische Rechts-, Kultur-, und Religionseigenheiten und ist somit ein für Südkorea entwickeltes Programm. Das Programm zielt auf die Wiedergutmachung ab und verlangt eine möglichst sinnvolle und konstruktive Leistung des Gefangenen zur Versöhnung mit der Familie, dem Opfer, der Gesellschaft und dem Gott.

6.3.2.1 Ziel des Programms

Das Ziel des Programms besteht darin, dass der Gefangene sich selbst als ein würdiges Mitglied der Gesellschaft mit christlicher Identität[498] erkennt und damit eine gestörte Beziehung zu sich selbst und den anderen Menschen bzw. dem Opfer und der Familie selbstständig wiederhergestellt wird. Das Programm beinhaltet die

496 Wippermann, Zwischen den Kulturen, S.6.

497 http://www.agapeprison.org/menu1.asp (koreanisch).

498 „Christliche Identität kommt aus der Beziehung zu Gott." (Pirner, S. 73) Christliche Religion kann in ganz beson derer Weise zur gelingenden Identitätsentwicklung von Gefangenen beitragen.

sogenannten Versöhnung[499], Verwandlung[500] und Gemeinschaft[501] im biblischen Sinne.[502]

Es wäre für die Strafgefangenen im Hinblick auf das Leben nach dem Strafvollzug sinnvoller, die Schritte zur Wiedergutmachung in einer solchen Institution zu erlernen, die nur innerhalb einer totalitären Institution realisierbar sind. Die Justizvollzugsanstalt sollte eine Institution sein, die die Strafgefangenen während des Aufenthalts zu einer aufrichtigen Wiedergutmachung erzieht. Darum muss eine sozialisierende und therapierende Gemeinschaft in der Justizvollzugsanstalt als wesentliches Strukturelement einbezogen werden.[503] So stellt auch die Auseinandersetzung mit dem angerichteten Schaden und der Person des Verletzten nicht nur eine sozial-konstruktive Leistung dar, sondern kann beim Gefangenen auch eine innere Betroffenheit auslösen und damit zur Erreichung des Vollzugsziels beitragen.[504]

6.3.2.2 Aufgaben des Programms

Im Zusammenhag mit diesem Ziel wird sich das CCR–Programm in der Justizvollzugsanstalt mit vier Aufgaben beschäftigen: Evangelisation, Wiederherstellung einer gesunden Beziehung zur Familie, Wiedergutmachung zwischen Täter, Opfer und Gesellschaft sowie eine Alternative für das staatliche Strafvollzugssystem.[505]

6.3.2.2.1 Evangelisation

An erster Stelle steht die Evangelisation der Gefangenen. Die Erinnerung „Denk an die Gefangenen, als wäret ihr mitgegangen.[506]" gehört nach dem Hebräerbrief zu den Grundaufgaben der christlichen Gemeinde. Beim Gefangenen soll die Liebe Gottes zu den Menschen durch das Programm zur Lebensbewältigung vermittelt werden. Die christliche Lehre spielt von der Rechtfertigung des Menschen als Sünder allein durch den Glauben an Gott eine wesentliche Rolle. Für den Gefangenen und die Angehörigen in dieser besonderen Situation ist das Evangelium in

---

499 Zweite Korinther 5:17–18.
500 Epheser 4,28.
501 Epheser 4,13.
502 http://www.agapeprison.org/menu1_4.asp.
503 Schwind/Blau, S. 209.
504 Kaiser/Schöch, S. 233.
505 http://www.agapeprison.org/.
506 Hebrief. 13,3.

der Lage, die bedingungslose Annahme des Menschen durch Jesus Christus zu bezeugen.[507]

Wenn der Gefangene das Evangelium innerlich wahrnimmt, sucht er nach neuer Hoffnung und neuem Lebenssinn, und damit wird ein Prozess eingeleitet, der zur Resozialisierung unter Berücksichtigung der Umstände der Straftat führt.[508]

6.3.2.2.2 Wiederherstellung der Familienbeziehung

An zweiter Stelle steht die Normalisierung der Beziehung zu Familie und Freunden. Auf die Wiedereingliederung des Gefangenen in die Gesellschaft soll durch den Kontakt mit seiner Familie eingewirkt werden.[509] Durch die gesunde Beziehung zu den anderen außerhalb der Justizvollzugsanstalt wird das Verantwortungsbewusstsein und die Bereitschaft des Gefangenen gesteigert, an sich zu arbeiten. Die Angehörigen stehen in den meisten Fällen während des Vollzugs zum Gefangenen und sind bestens in der Lage, mit den Plänen hinsichtlich von Wohnung und Beschäftigung sowie bei der Überwindung finanzieller Schwierigkeiten nach der Entlassung Hilfe zu leisten.[510]

In Bezug auf zukünftige Verhaltensweisen wirken sich Sanktionen besonders stark auf die Familie aus.[511] Aus diesem Grund ist es wichtig, die gestörte Beziehung zur Familie wieder in Ordnung zu bringen und neu aufzubauen. Daher bietet die christliche Justizvollzugsanstalt den Gefangenen die Möglichkeit, sie durch ehrenamtliche Mitarbeiter zu betreuen. Der ehrenamtliche Mitarbeiter ist die einzige Möglichkeit, die Sorgen der Familie zu erfahren und somit sachgerechter mit dem Gefangenen die anliegenden Nöte und Probleme anzugehen.

6.3.2.2.3 Wiedergutmachung zwischen Tätern, Opfern und Gesellschaft

An dritter Stelle steht die Wiedergutmachung der Beziehung zum Opfer. Im Verhältnis zwischen Straftätern und Opfern soll der im Zusammenhang mit der Tat bestehende Konflikt begleitet werden.[512] Die Wiedergutmachung zielt auch auf die Versöhnung und den Ausgleich durch materielle, immaterielle sowie symbolische Leistungen ab. Damit soll die persönliche Beziehung zwischen Tätern und Opfern stärker betont werden.[513]

---

507 Schwind/Blau, S. 209f.
508 Vgl. Steinkamp, S. 55f.
509 http://www.agapeprison.org/.
510 Hirsch, S. 104f.
511 Dölling, S. 2f.
512 http://www.agapeprison.org/menu1_4.asp (koreansich).
513 Dölling, S. 12.

Beim Täter-Opfer-Ausgleich soll in einem professionell geleiteten Gespräch der Konflikt zwischen Tätern und Opfern geschlichtet und zugleich eine Regelung über eine Wiedergutmachung des angerichteten Schadens gefunden werden. Durch einen Entschuldigungsbrief an das Opfer oder ein Ausgleichsprogramm zwischen Tätern und Opfern kann dem Verhältnis zwischen beiden besser gedient werden.[514] Besonders kann die christliche Justizvollzugsanstalt durch die Wiedergutmachung der Beziehung ihrerseits eine christliche Versöhnungsbereitschaft aus dem Glauben an Gott erkennen lassen. Das Ziel der Wiedergutmachung ist die Aussöhnung zwischen Tätern und Opfern.[515] Zusammenfassend ist die Wiedergutmachung als Interaktionsprozess zwischen Tätern, Opfern und Gesellschaft zu verstehen, der den kriminellen Konflikt heilt und den Frieden zwischen den Beteiligten schafft.

6.3.2.2.4 Alternative für das staatliche Strafvollzugssystem

An letzter Stelle steht die Alternative für das staatliche Strafvollzugssystem. Im Rahmen der sozialen Wiedereingliederungspolitik der Strafgefangenen soll ein planmäßiges Programm mit entsprechenden Strategien und Maßnahmen angeboten werden, die die Entlassenen nach der Haft möglichst nahtlos in die Ausbildung und Arbeit und Beschäftigung bringt. Im Besonderen besteht der grundlegende Ansatz darin, dass die Mitarbeiter selbst Experten sind, die ihre Erfahrung und ihr Wissen diesem System zur Verfügung stellen.[516] In einer christlich-privaten Justizvollzugsanstalt kann eine wissenschaftlich fundierte Methodik angewendet wird, die durch einen christlich-ehrenamtlichen Mitarbeiter unterstützt wird, der speziell nach christlichen Richtlinien ausgebildet und ordiniert worden ist.

6.3.2.3 Rehabilitationsprogramme

Im Folgenden werden die durchgeführten Rehabilitationsprogramme im Probebetrieb der privaten Justizvollzugsanstalt erläutert. Das Programm für die Rehabilitation des Gefangenen besteht aus drei besonderen christlichen Rehabilitationsprogrammen: dem Glaubenstraining, dem Gruppenprogramm und der Einbeziehung eines Mentors.

6.3.2.3.1 Glaubenstraining

Das Glaubenstraining stellt ein besonderes Erziehungsprogramm dar, das nach dem Motto „Das neue Leben“ die Gefangenen besser rehabilitieren soll. Die

514 Lee, Symbolische Wiedergutmachung, S. 124.
515 Bock, S. 263f.
516 Agape, S. 3. (koreanisch).

Zielsetzung des Glaubenstrainings ist es, dass die Ansichten über das Leben von den Gefangenen positiv geändert werden und es dadurch zu einem angenehmen Einfluss auf andere Menschen kommen kann. Um dieses Ziel zu erreichen, werden Lehrtätigkeit, Methode und Hilfsmittel von der christlichen Gemeinschaft regelmäßig angeboten und ausgebildet.[517] Ein weiterer Vorzug des Glaubenstrainings besteht darin, dass es den Teilnehmern eine systematische und spezielle Glaubenskenntnis des Programms vermittelt und auch dadurch ihre Beziehung zur Familie und anderen Menschen wiederhergestellt werden kann.

Das Glaubenstraining besteht aus drei spezialisierten Programmangeboten: „Spaziergang durch das Alte und Neue Testament“, „Lösung der Menschen-Puzzle“ und „persönliche Heiligkeit in Zeiten der Versuchung“, die bei der staatlichen Justizvollzugsanstalt als Probe veranstaltet wurden.

Beim „Spaziergang durch das Alte und Neue Testament“ werden den Teilnehmern die Inhalte der Bibel vermittelt. Durch die Bibel lernt man nicht nur Gott kennt, sondern auch das Wesen des Menschen. Die Bibel zeigt das Vorbild des neuen Menschen. Dadurch soll der Teilnehmer seine Schuld und seine Sünde bekennen und auch den Willen zur Veränderung aufbringen.

Im Programm „Lösung der Menschen-Puzzle“ wird eine gute und gesunde Beziehung untereinander und der richtige Umgang miteinander trainiert. Während des Programms sollen die Teilnehmer drei Phasen durchlaufen. Am Beginn des Programms steht das Selbstverständnis. Während dieser Phase sollen die Teilnehmer ihre guten und schlechten Seiten in einer Gemeinschaft zwischen zwei oder mehr Personen entdecken. In der zweiten Phase soll der Teilnehmer den Respekt vor sich selbst und den Fremden erlernen. Im Anschluss an die Analyse des Charakters einiger Personen in der Bibel soll der Teilnehmer Verständnis sowohl für ihre eigene Art, als auch für die anderen aufzubringen. Die letzte Phase verfolgt die Entwicklung der Anpassungsfähigkeit. Vom Teilnehmer wird erwartet, sich besser in eine Gemeinschaft mit anderen Menschen einzufügen.

Das dritte Programm, die „persönliche Heiligkeit in Zeiten der Versuchung“, stellt eine Sonderform dar. Es richtet sich an männliche Strafgefangene. Bei dem Programm werden der Begriff „Versuchung“ und aber auch speziell „sexuelle Versuchung“ intensiv behandelt. Dadurch soll die Fähigkeit zum Widerstehen erreicht werden. Dabei handelt es sich nicht nur um die sexuelle Versuchung, sondern auch um andere Versuchungen des alltäglichen Lebens. Darüber hinaus erlernt der Teilnehmer Ansichten des alltäglichen Lebens, die allgemein als gesund angesehen werden.

---

517 http://www.agapeprison.org/menu1_4.asp (koreanisch).

Das Glaubenstraining ist ein Programm, mit dem Gefangene einen christlichen Glauben, Lebensstil und christliche Ansichten als freies Angebot erfahren, miterleben und mitgestalten. Durch ein spezielles Verstärkerprogramm sollen die Strafgefangenen erlernen, mit ihren Schwächen besser umzugehen. Zugleich soll eine Methode für die Rehabilitation etabliert werden.

6.3.2.3.2 ALPHA-Kurs[518]

Der ALPHA-Kurs ist ein Kurs über die Grundlagen des christlichen Glaubens und eine neue Möglichkeit, sich auf angenehme Weise mit dem christlichen Glauben auseinanderzusetzen. Er richtet sich vor allem an jene Menschen, die in keiner Kirche sind und daher mit dem Evangelium von Jesus noch nicht erreichbar waren. Er wird zurzeit in den verschiedensten Gemeinden, aber auch in der Justizvollzugsanstalt durchgeführt.[519]

Die Inhalte beruhen auf einer Reihe von Themen, die die grundsätzlichen Fragen und Inhalte des christlichen Glaubens ansprechen. Nach jedem Vortrag finden in ungezwungener Atmosphäre Gespräche statt, um das Gehörte zu hinterfragen und zu diskutieren. Der Kurs besteht aus 15 Lektionen mit unterschiedlichen Themen, die in der Regel zweimal pro Woche über einen Zeitraum von zehn Wochen behandelt werden.[520] Durch den Kurs können bei vielen Strafgefangenen Haltung und Lebensstil verändert werden und während des Aufenthalts bei der Justizvollzugsanstalt können sie eine angenehme Gemeinschaft mit den Teilnehmern bilden.

6.3.2.3.3 „Innere Heilung"-Programm

Innere Heilung ist eine therapeutische Form, durch die seelische und psychologische Probleme der Menschen im christlichen Sinne betrachtet und behandelt werden. Im Prozess der inneren Heilung schenkt der Heilige Geist den Menschen die Vergebung ihrer Sünden und eine emotionale Erneuerung, die in ihrem Denken, Wollen und Fühlen verletzt worden sind.[521]

Das Ziel des „Inneren Heilung"-Programms als eine psychologische Therapie im christlichen Sinne ist es, die Erinnerung an den zugefügten Schaden in der

---

518 Der Alpha Kurs hat seinen Ursprung in der Holy Trinity Brompton Church, einer anglikanischen Gemeinde in London. 1977 entwickelte Charles Marnham, ein Pastor der Gemeinde, den Alphakurs als eine Möglichkeit für neue Christen, sich mit den Grundlagen des christlichen Glaubens auseinander zu setzen. (Tschui, S. 5)

519 Tschui, S. 5.

520 Mu El Kim, S. 84f. (koreanisch)

521 Wimber/ Springer, S. 85ff.

Vergangenheit der Gefangenen zu korrigieren, indem sie während des Aufenthalts in der Justizvollzugsanstalt und ebenso nach der Entlassung ein stabilisiertes Leben führen und seelisch gesund werden. Durch die Teilnahme an diesem Programm können seelische Probleme und schmerzhafte Erfahrungen aus der Vergangenheit hervorgebracht werden. Das „Innere Heilung"-Programm besteht zudem aus der Personal- und Gruppenberatung, dem Lobpreis, dem Abendmahl sowie der Bekenntnis. Die folgende Abbildung zeigt die Stufen des grundsätzlichen Prozesses des „Innere Heilung"-Programms.

• Erkenntnis der eigenen Sünden und des Fehlverhaltens
• die Umkehr
• Wiederherstellung der gestörten Beziehung mit den anderen,
• die Heilung der körperlichen Schwachheit

⇓

• Entdeckung und Heilung der unbewussten Persönlichkeit
• Freiheit (Selbstbefreiung) von den verborgenen negativen Erinnerungen und dem negativen Selbstbild
• Freiheit (Befreiung) der seelischen Verletzung von der Vergangenheit,
• Änderung des Sinns,
• neue Erkenntnis von sich selbst

⇓

• Umkehr der Einstellung zu Lebenshaltung und Lebensziel,
• wesentliche Änderung der Haltung zu Gott,
• Wiederherstellung und Wachstum der seelischen Persönlichkeit

Abb. 5: Prozess des „Innere Heilung"- Programms[522]

522 Seo Tak Joo/Sunhwa Kim, S. 7f. (koreanisch)

6.3.2.3.4 Selbsthilfegruppeprogramm

Die Selbsthilfegruppe besteht aus drei bis zwölf Teilnehmern und hat zum Ziel, dass der Teilnehmer sich mit der Möglichkeit, ein sinnvolles Leben durch die Liebe Christi in der Gemeinschaft zu führen, auseinandersetzt. Das grundsätzliche Prinzip bei der Gruppenarbeit beruht auf einer gleichheitlichen Jüngerschaftsbeziehung nach biblischem Vorbild. Im Selbsthilfegruppenprogramm wird der Teilnehmer immer mehr seiner eigenen wertvollen Persönlichkeit bewusst und erlangt dadurch eine neue Identität. Daraus resultiert, dass sich ein neues Bewusstsein für die Verantwortung, Gemeinsamkeit sowie Wahrhaftigkeit formiert.[523] Im Verlauf des Programms soll er dann zu einer seelischen und innerlichen Reife gelangen. Bei dieser Selbsthilfegruppenarbeit wird es neben dem Einblick in den Justizvollzugsanstaltsalltag und die Innenwelt des Gefangenen deutlich, dass die Gruppe ihn gelehrt hat, auf die Probleme eines ihrer Teilnehmer einzugehen und dem Leid des anderen mit Mitgefühl zu begegnen und als Gruppe zusammenzuwachsen. In allen Formen der Gruppenarbeit werden die Teilnehmer ermutigt und befähigt, ein leistungsfähiges und prosoziales Leben nach der Entlassung zu führen und an der Gesellschaft zu partizipieren. Die Selbsthilfegruppe beschäftigt sich mit den vier Veranstaltungen„Leben mit der Vision“, „Stille Zeit“, „Gebetskreis“ und „Jüngerschaft[524]“:

- Das „Leben mit der Vision“ will die ganze Bandbreite des christlichen Lebens abhandeln und besteht aus 40 Lektionen, die sich in fünf Teile gliedern und jeweils eines der fünf Hauptlebensziele des Menschen behandeln. Das Ziel besteht darin, die Absichten Gottes, seinen Auftrag und seine Vision für unser Leben zu verstehen und zu finden. Während des Seminars konzentrieren sich die Teilnehmer auf die Entdeckung des Sinnes und der Ziel des Lebens.
- Die „Stille Zeit“ widmet sich dem Austausch zwischen Teilnehmern und ehrenamtlichem Personal in Bezug auf den christlichen Glauben im Alltag. Wesentliche Elemente sind das gegenseitige Bekennen zur Schuld, dem Gebet füreinander und das Lesen größerer Bibelabschnitte im Laufe der Woche. Während der stillen Zeit können die Teilnehmer einander durch den tieferen Austausch verstehen und ermutigen.
- Jeden Freitag trifft sich ein Kreis von etwa zehn Leuten zu einer gemeinsamen Gebetsstunde. Im „Gebetskreis“ teilt der Teilnehmer seine eigenen Erfahrungen, Gedanken und Sorgen den anderen Teilnehmern mit und man betet

523 Mu El Kim, S. 50f. (koreanisch)
524 Mu El Kim, S. 51f. (koreanisch)

gemeinsam in der Gruppe. Wichtig ist, dass jeder sich am Gebet beteiligen kann. Nach dem Gebet trägt jeder seine persönliche Stellungnahme vor. Dadurch kann das innere Wachstum aller Teilnehmer gesehen werden.

- „Jüngerschaft" ist eine persönliche Beziehung zu Gott und dem Willen, von ihm zu lernen und ihm immer ähnlicher zu werden. Das Ziel der Jüngerschaft ist es, in der Beziehung zu Gott zu wachsen. Durch die Jüngerschaftserziehung kann der Teilnehmer eine neue Identität erlangen, damit er ein Jünger wird und darüber hinaus den anderen helfen kann.

6.3.2.3.5 Mentoring[525]

Das allgemeine Ziel des Mentorings ist es, bei seiner persönlichen oder beruflichen Entwicklung unterstützt zu werden. Der Gefangene braucht eine persönliche Betreuung, die bei einer realitätsgerechten praktischen Lebensbewältigung helfen kann. Das Mentoring zielt auf die regelmäßige und verankerte Betreuung der Gefangenen ab und soll nach der Entlassung bei konkreten Problemstellungen die soziale und personale Kompetenz fördern. Darüber hinaus wird es einen nachhaltigen Beitrag zu einer effektiven Rehabilitation durch eine Eins-zu-Eins-Beziehung leisten und das Risiko des Rückfalls vermindern. Die regelmäßige und sorgfältige Hilfe für die Gefangenen wird insbesondere dadurch verwirklicht, dass dem bedürftigen Entlassenen ein Mentor als Unterstützung zur Seite gestellt wird. Dieser begleitet den Gefangenen für einen Zeitraum, dessen Länge sich nach dem individuellen Bedarf richtet.[526]

6.3.2.4 Zusammenarbeit des ehrenamtlichen Personals

6.3.2.4.1 Funktion des ehrenamtlichen Personals

Die Strafvollzugsdienste sind nicht nur Helfer oder Betreuer, sondern müssen die Rolle der Vermittler zwischen den Tätern, Opfern und der Gesellschaft übernehmen. Die Mitwirkung der extern ausgebildeten Kräfte muss in erster Linie dem Erreichen des Vollzugsziels im Hinblick auf die Resozialisierung des Gefangenen deutlich sein. Angesichts der strukturellen und systematischen Besonderheiten des Strafvollzugs und der komplizierten Probleme der Strafgefangenen muss die Tätigkeit

---

525 Der Begriff Mentoring wird in sehr unterschiedlicher Weise verwendet und rezipiert. Beispielsweise wird häufig von einer Eins-zu-Eins-Beziehung ausgegangen (vgl. z. B. LESTER & JOHNSON, 1981, p. 50; ROWE, 1989).

526 Grundsätzlich wird das Mentoring einmal pro Woche etwa zwei Stunden lang stattfinden und dnach der Entlassung ein Jahr lang als Hilfe für die erfolgreiche Eingliederung in die Gesellschaft weiter fortbestehen.

ehrenamtlicher Helfer durch integrative Maßnahmen unterstützt werden. Ehrenamtliches Engagement macht deutlich, dass die Betreuung der inhaftierten Mitmenschen eine Aufgabe der Allgemeinheit ist. Daher stehen besonders die ehrenamtlichen Mitarbeiter in der privaten christlichen Justizvollzugsanstalt im Vordergrund. Bei dieser Justizvollzugsanstalt werden vor allem die bedeutungsvollen Erziehungsprogramme durch ausgebildete ehrenamtliche Mitarbeiter organisiert, um bessere und erfolgreichere Ergebnisse des Programms zu erreichen.[527] Vor allem benötigen sie die Belastbarkeit, Geduld und Toleranz, um sich mit der Situation und den Problemen der Gefangenen auseinanderzusetzen. Mit den geeigneten Hilfsmaßnahmen und fachgerechter Betreuung durch ehrenamtliche Mitarbeiter kann zu einem besseren Umgang mit den Gefangenen beigetragen werden. Durch die Zusammenarbeit aller ehrenamtlichen und privaten Mitarbeiter innerhalb und außerhalb der Anstalt kann eine eventuelle Rückfälligkeit der Gefangenen verhindert werden.

6.3.2.4.2 Bereich der Aufgaben der ehrenamtlichen Mitarbeiter

Bei der staatlichen Justizvollzugsanstalt sollen ehrenamtliche Mitarbeiter im Rahmen ihrer Zuständigkeit (Sachkompetenz) in der Hoffnung mithelfen, die persönlichen Probleme der von ihnen betreuten Gefangenen zu mildern, ihre Bildung und ihre beruflichen Fähigkeiten zu fördern und vor allem, um ihnen den Übergang in die Freiheit zu erleichtern.

In Bezug auf die private Justizvollzugsanstalt werden folgende Aufgaben im Strafvollzug durch die ausgebildeten ehrenamtlichen christlichen Mitarbeiter durchgeführt:[528]

- Glaubenstraining: Gottesdienst, Bibelkreis und religiöse Veranstaltungen,
- Schulische Bildung und berufliche Ausbildung: das Erlernen von Fremdsprachen, der Erwerb verschiedener Zertifikate und eine qualifizierte berufliche Ausbildung,
- Therapeutische Behandlung en: Innere Heilung, Musik- und Kunsttherapie,
- Beratung: Das Einzel- und Gruppengespräch sowie die Beratung durch den Mentor,
- Freizeitgestaltung: Kur, Theater, Sport und künstlerische Veranstaltungen,
- Nach der Entlassung (sechs Monate lang): die Vermittlung der Arbeitsstellen und der regionalen Gemeinde und
- die Unterstützung bei der Verwaltung und den Programmen in der Anstalt.

527 Mu El Kim, S. 51f. (koreanisch)
528 Mu El Kim, S. 41f. (koreanisch)

Nach der Entlassung werden sich ehrenamtliche Mitarbeiter für die erfolgreiche Wiedereingliederung der Straffälligen in die Gesellschaft einsetzen. So sollen die Konflikte im Alltagsleben nicht in strafbare Handlungen münden. Weiterhin wird die Unterstützung im Umgang mit einer regionalen Gemeinde und der Gesellschaft aufrechterhalten.

6.3.2.4.3 Ausbildung des ehrenamtlichen Personals

Eine erfolgreiche Umsetzung des Strafvollzugsdiensts setzt seitens der ehrenamtlichen Mitarbeiter menschliche Reife und eine Klärung ihrer Ziele und Bedürfnisse voraus.[529] Aus diesem Grund sollen vor Aufnahme der Tätigkeit alle ehrenamtlichen Mitarbeiter in einem Zeitraum von vier bis sechs Monaten an einer organisierten Ausbildung der privaten Justizvollzugsanstalt teilnehmen, um sie auf die Besonderheiten ihrer Tätigkeit im Strafvollzug vorzubereiten und um bestimme Aufgaben der ehrenamtlichen Mitarbeiter erfüllen zu können.[530]

Diese Ausbildung setzt sich aus zwei Teilen, dem Einführungs- und dem Fortbildungskurs zusammen. In dieseen Kursen wird man in einem dreistufigen Prozess ausgebildet. Die erste Stufe dient zur Orientierung und vermittelt die grundlegenden Ideen einer privaten Justizvollzugsanstalt. Dieser Kurs ist in einem Zeitraum von etwa drei Wochen zu absolvieren. Die zweite Stufe befähigt den Mitarbeiter zur Durchführung eines Erziehungsprogramms mit Rehabilitationsziel, einer fachgerechten Beratung und Entlassungshilfe sowie grundlegenden Kenntnissen in verschieden Hilfsbereichen. Die aufzuwendende Zeit beträgt hierfür etwa sechs Wochen. In dieser Zeit ist es möglich, jene Fähigkeiten zu entwickeln, die für die erdenklichen ehrenamtlichen Aufgaben unerlässlich sind. Die dritte Stufe soll die ehrenamtlichen Mitarbeiter zu ihren praktischen Aufgaben in der Justizvollzugsanstalt anhand der Übungen befähigen.[531]

6.3.2.5 Nachsorge

Die Nachsorge als Mittel der Kriminalprävention stellt eine große Herausforderung dar, weil die Rückfallgefahr in den ersten Monaten nach der Entlassung am größten ist. Die Orientierung des gesamten Behandlungsprozesses soll nach der Entlassung mit zusätzlichen Maßnahmen, nämlich der Verbesserung der Arbeitsmarktintegration und der Wiedereingliederung ins Alltagsleben weiter betrieben

529 Schwind, S. 929ff.
530 Mu El Kim, S. 53. (koreanisch)
531 Mu El Kim, S. 53. (koreanisch)

werden. In diesem Hinblick ist die Nachsorge eine höchst eigentümliche Maßnahme in der privaten Justizvollzugsanstalt. Die erfolgreiche Wiedereingliederung der Strafentlassenen in die Gesellschaft hängt entscheidend davon ab, ob ihre Integration in den Arbeitsmarkt gelingt und ihre Lebensumstände in der schwierigen Übergangszeit stabilisiert werden. Aus diesen Gründen sollen mit den Entlassenen zentrale Lebens- und Problembereiche bearbeitet werden. Es ist schon im Vollzug besonders wichtig, einen vertrauensvollen Zugang zum Gefangenen aufzubauen und sich mit der Familie des Gefangenen zu beschäftigen.

Das Programm für die Nachsorge wird durch die koordinierte Zusammenarbeit mit dem Sozialdienst, dem Mentor und der regionalen christlichen Gemeinde durchgeführt. Die wichtigen Hauptaufgaben der Nachsorge sind die Vermittlung des Arbeits- und Ausbildungsangebots, die Familientherapie und die regelmäßige Einzelbetreuung. Beim Nachsorgeprogramm soll die Rückfallkriminalität durch eine möglichst intensive, kontinuierliche Betreuung vermindert werden. Daher wird besonders eine Betreuung in Richtung einer Methodologie durch den Mentor in den Vordergrund gestellt.[532]

6.4 Modellprojekt zur christlich- privaten Justizvollzugsanstalt

Mit dem oben beschriebenen Rehabilitationsprogramm wurde bei der staatlichen Justizvollzugsanstalt ein Probebetrieb durchgeführt. Der Probebetrieb wurde durch die christliche Gemeinschaft Agape geplant und organisiert, der vom Justizministerium die Vollmacht dafür übertragen worden war.

Nach Abschluss dieses Projektes wurden die Teilnehmer nicht entlastet, sondern wieder in die staatliche Justizvollzugsanstalt überführt, in der sie schon einmal inhaftiert waren. Das Ziel des Projektes besteht nicht in einer erfolgreichen Wiedereingliederung in die Gesellschaft, sondern in einer Änderung des menschlichen Bewusstseins der Teilnehmer. Der große Unterschied zwischen privater und staatlicher Justizvollzugsanstalt liegt am Rehabilitationsprogramm und an der Kompetenz des privaten und ehrenamtlichen Personals.

532 Die Aufgabe des Mentors ist es, den Ex-Gefangenen zu stimulieren, Initiativen zur Verbesserung seiner oder ihrer Situation anzugehen.

6.4.1 Auswahl der Teilnehmer

Der Grundsatz zur Auswahl der Teilnehmer soll nach den drei Bewertungsmaßnahmen festgelegt werden: das Verhalten in der Justizvollzugsanstalt, die Fähigkeit zum Verständnis sowie der Anlass und das Interesse an einer Teilnahme. Bei dem Verhalten in der staatlichen Justizvollzugsanstalt wird das derzeitige und frühere Verhalten der Bewerber und Bewerberinnen beurteilt. Ein positives Verhalten im täglichen Umgang miteinander während des Aufenthalts steht hier im Mittelpunkt. Grundsätzlich gilt es, dass der Inhalt des CCC Rehabilitationsprogramms verstanden wird. Daher muss das Leseverstehen und die Kommunikationsfähigkeit der Bewerber geprüft werden. Ein gegebener Anlass und das Interesse an dem Programm sind die wichtigsten Bewertungskriterien bei der Auswahl der Teilnehmer.

Die Bewerbung für die Teilnahme an dem Modellprojekt war freiwillig. Eigentlich wurde die Auswahl der Teilnehmer durch das private Personal durch Agape durchgeführt. 34 Teilnehmer von 53 Bewerbern wurden für den Probebetrieb ausgewählt. Hinsichtlich des Alters der Teilnehmer dominiert mit einem Anteil von etwa 60% die Gruppe der 40- bis 50-Jährigen. Eine Ausnahme war der älteste Teilnehmer mit 74 Jahren. Die Deliktverteilung sieht folgendermaßen aus: Schwere Verbrechen liegen bei 47% der Teilnehmer vor, Betrug und Unterschlagung bei 32%, Körperverletzung bei 9% sowie 12% bei anderen Delikten.[533]

6.4.2 Rolle des Personals

Ein besonders zu betonender Faktor des Probemodellprojekts ist die Zusammenarbeit mit dem ehrenamtlichen und dem privaten Personal. Während des Projektes wurden die meisten Rehabilitationsprogramme durch ehrenamtliches Personal durch Agape durchgeführt. Zur Praxis der Zusammenarbeit ist zu sagen, dass sie gewissermaßen unbeschränkte Möglichkeiten eröffnet, die zugleich gewisse Risiken und Gefahren mit sich bringen können. Daher ist es bei der privaten Justizvollzugsanstalt wichtig, eine harmonische und wirkungsvolle Kooperation miteinander zu entwickeln. Wichtig ist, dass alle Beteiligten sich der Aufgaben im Strafvollzug bewusst sind und diese Aufgaben nur durch gemeinsame Bemühungen erfüllen können.

---

533 Mu El Kim, S. 35. (koreanisch)

6.4.2.1 Ehrenamtliches Personal

Die wichtige Aufgabe im Bereich des ehrenamtlichen Personals ist die Rehabilitation des Gefangenen, um dessen Wiedereingliederung in die Gesellschaft als Vollzugsziel zu erreichen. Diese soll in der Praxis ausgeübt werden. Beim Modellprojekt leistete das ehrenamtliche Personal einen wichtigen Beitrag zur Rehabilitation der Teilnehmer. Um eine effektive Leistung zu erbringen, wurde ihm das angemessene Verfügungsrecht im Rahmen seiner Tätigkeit übertragen. Beim Dienst sollte ehrenamtliches Personal nicht nur eine Ergänzungsrolle, sondern sogar eine Hauptrolle für das Rehabilitationsprogramm von Agape in der Justizvollzugsanstalt mit der Einschränkung spielen, dass ehrenamtliches Personal während des Programmverlaufes immer unter der Aufsicht steht.

6.4.2.2 Privates Personal

Die Hauptaufgaben des privaten Personals bestehen in der Unterstützung und Kontrolle der Gefangenen und des ehrenamtlichen Personals und vor allem im aktiven Mitgestalten durch die Nutzung ihrer Kenntnisse. Es kann vorkommen, dass der Versuch scheitert, den Willen der Gefangenen zu stärken, so dass gut gemeinte Hilfe auch negative Auswirkungen haben kann. Darüber hinaus könnte eine nachlässige Haltung in Bezug auf die Verantwortung des ehrenamtlichen Personals die Sicherheit und Betreuung gefährden. Aus diesem Grund bedarf es bei jeder Gestaltung sorgfältiger Aufsicht durch qualifiziertes Personal. In diesem Zusammenhang eignet sich das staatliche Personal für eine Ergänzungs- und Unterstützungsrolle, um die gesamte Sicherheit der Justizvollzugsanstalt zu gewährleisten.

6.4.2.3 Ergebnis des Modellprojektes

Anhand eines konkreten Projektes soll aufgezeigt werden, welche Qualität im Ergebnis für die Praxis gewonnen werden kann. Aufgrund der zeitlichen Beschränkung auf sechs Monate konnte das Modellprojekt jedoch nicht die gesamte Dimension eines Betreibers einer privaten christlichen Justizvollzugsanstalt umfassen, sondern es konnte nur das Programm für die Rehabilitation der Teilnehmer umgesetzt werden. Nach Abschluss des Modellprojekts kann man sicher nicht beurteilen, ob es als Vorbereitung auf eine neue private Justizvollzugsanstalt für die Resozialisierung der Gefangenen geeignet ist.

6.5 Zusammenfassung

Bei der Resozialisierung der Gefangenen spielen verschiedene religiöse Veranstaltungen innerhalb der Justizvollzugsanstalt immer eine zentrale Rolle. Besonders in Südkorea wird die Rehabilitierung der Gefangenen durch christliche Einwirkung in letzter Zeit aktiv angestrebt. Nach der Entlassung müssen die Gefangenen ihr Leben wieder eigenständig organisieren und selbstständige Entscheidung treffen. Sie wünschen sich, ihrem eigenen diesseitigen Leben einen Sinn zu verpassen, der über ihre eigene Lebenszeit hinaus Bedeutung hat. Viele von ihnen suchen nach einer tragfähigen Grundlage und Hoffnung für ihr Leben. Wie lässt sich solch ein Weg besser finden und gestalten? Daher wird einiges versucht und umgesetzt, um eine deutliche kohärente Strategie oder Politik einzuführen. Ein Leben in sozialer Verantwortung muss nämlich bereits im Vollzug beginnen, wenn die Wiedereingliederung in die Gesellschaft nach der Entlassung erfolgreich verlaufen soll. Die Resozialisierung bzw. Wiedereingliederung der Strafgefangenen ist nicht nur eine Aufgabe des Staats, sondern auch der Gesellschaft, in deren Auftrag der Strafvollzug geschieht. Auf eine erfolgreiche Wiedereingliederung der Strafgefangenen in die Gesellschaft hat der Staat bisher den geringsten Einfluss. Das christliche Programm mit dem Resozialisierungsziel hofft, dass der Gefangene aus dem Glauben an Gott und die Gottesliebe eine grundlegende Änderung der innewohnenden, schlechten Natur erreicht werde. Damit kann der alte schlechte Lebensstil nach der Entlassung nicht weiter verfolgt und das sogenannte „Loch der Entlassung" des Gefangenen in vielerlei Hinsicht vermieden werden.

Man könnte sich vorstellen, dass mit dem Weg zur Resozialisierung des Strafgefangenen durch das regelmäßige Angebot der christlichen Bibelarbeiten in der Justizvollzugsanstalt eine umfassende Veränderung des Strafgefangenen zu erwarten sei. Die existentielle Erfahrung der Liebe Gottes wurde zum Motiv, anderen Menschen die frohe Botschaft der Rettung des Sünders zu vermitteln. Die Grundauffassung der dem Menschen dienstbaren Liebe Gottes kann den verirrten Menschen in seiner Ausweglosigkeit, Beziehungslosigkeit und Bedeutungslosigkeit erreichen und in seiner konkreten seelischen, leiblichen und geistlichen Not Zuwendung zuteil werden lassen. Trotz scharfer Kritik will die südkoreanische Regierung an der Einführung einer christlich-organisierten Justizvollzugsanstalt als rein private Justizvollzugsanstalt festhalten, um den Mangel bei der Resozialisierung bzw. Wiedereingliederung der Strafgefangenen zu beheben und ein besseres, resozialisierungsfreundliches Klima zu schaffen, auch wenn es bisher noch keine abgeschlossene Studie in Südkorea gibt, die explizit darauf verweist, dass eine christlich-organisierte Privatjustizvollzugsanstalt zu einer Verbesserung im Hinblick auf die Resozialisierung der Strafgefangenen führt.

7. Schlussbetrachtung

Wenn man den geschichtlichen Überblick im Zusammenhang mit der aktuellen Situation im Strafvollzug betrachtet, fällt auf, dass die Reformideen von heute keineswegs neue Gedanken beinhalten: Die Justizvollzugsanstalt befindet sich immer noch in einem bewegten Feld, in dem es von Projekten, Verbesserungen, Experimenten, Untersuchungen und theoretischen Diskursen wimmelt.

Von John Howard stammen bedeutende Vorschläge in Richtung der Entwicklung neuer Ziele für den Strafvollzug. Seiner Ansicht nach wird die Wissenschaft heute allgemein als Beginn unseres Gefängniswesens angesehen. Der Ausgestaltung der Strafanstalt wird die ausschlaggebende Bedeutung zugesprochen, die Gefangenen in die Gesellschaft der freien Menschen zurückzuführen. Die Justizvollzugsanstalt befindet sich in einem Ensemble an Begleitmaßnahmen, die anscheinend zu seiner Verbesserung beitragen sollten.[534]

Heinrich Baltasar Wagnitz beschreibt die Besserung wie folgt: Die Besserung ist der Hauptgegenstand der Zuchthäuser. Die Gefangenen sind zur Strafe ihres Verbrechens als Übeltäter zu behandeln, aber auch als Menschen, die sich bessern können. Die Besserung gehört von Anfang an zur institutionellen Einrichtung der Strafhaft. Franz von Liszt (1851–1919) erklärte es so: Die Gefangenen, die der Besserung fähig seien, sollten mit möglichem großen Eifer moralisch umerzogen werden. Die Ansicht von der Schuld der Gesellschaft verband sich mit der Idee, dass man die mögliche Menge an Produktionskräften der Gesellschaft wieder zurückgeben müsse.[535]

Die Veränderung der Ziele im Vollzugswesen erhalten prinzipielle Bedenken gegen den Strafzweck und die Besserung bzw. Resozialisierung ein umso größeres Gewicht. Der Versuch einer Resozialisierung lässt sich vor allem als Angebot der Hilfe bei der Bewältigung der Lebensschwierigkeiten befürworten.[536] Der Mensch ist nicht von Natur aus ein soziales Wesen, sondern muss im Verlauf seiner Persönlichkeitsentwicklung von der gesellschaftlich vermittelten sozialen und materiellen Umwelt lernen, sich in seinem Verhalten auf das Verhalten anderer Menschen

534 Foucault, S. 299f.

535 Zitat, Rusche/Kirchheimer, S. 201.

536 Stratenwerth, S. 11f.

einzustellen. Er erlernt die Normen, Werte und Verhaltensweisen, die durch sein soziales Umfeld vermittelt werden.[537]

Zu Beginn der 1990er Jahre wurde die Rehabilitation eines Gefangenen mit der Wiedergutmachung in der Gesellschaft, dem sogenannten Täter-Opfer-Ausgleich, gefördert. Mit der heutigen Strafvollzugspolitik sollte der Staat sich darum bemühen, dass alle Bedingungen für die Wiedereingliederung der Gefangenen in die heutige Justizvollzugsanstalt erlangt werden können. Der Gefangene wird wieder in die Gesellschaft integriert, aber auch seine Beziehung zur Familie wiederhergestellt. Die Umsetzung der Rehabilitation in Bezug auf die Resozialisierung nimmt heute immer mehr die Beziehung zur Außengesellschaft ein. Fast alle bisherigen Resozialisierungsprogramme gehen von der Einschränkung der Verhaltensalternativen des Täters aus. Solche Programme lassen sich unter dem Begriff der Rehabilitation fassen. Die Rehabilitation bezieht sich auf Täter und Opfer und beschäftigt sich mit dem Konzept einer einfach umsetzbaren Verbesserung, mit Meditation und mit ihrem eigenen Charakter.

Wie Franz von Liszt behauptet, muss die Verbesserung der bestehenden gesellschaftlichen Verhältnisse und ein auf die konkrete Resozialisierung des Täters ausgestalteter Strafvollzug entwickelt und durchgeführt werden, um die Resozialisierung der Gefangenen erfolgreich abschließen zu können, Nach Liszt ist die Persönlichkeit und Individualisierung des Täters besonders zu berücksichtigen.[538] Jedes Individuum nimmt eine andere Einstellung und Haltung gegenüber dem Leben ein.[539] Heute gilt die Resozialisierung der Strafgefangenen nicht mehr als allgemeines Allzweckkonzept, sondern als eine ganz spezifische Intervention in jene Personen, von denen man annimmt, dass sie die teure Dienstleistung des Strafvollzugs kosteneffizient nutzen.

Die Insassen einer Justizvollzugsanstalt sind eine besondere Gesellschaft und repräsentieren die Aspekte des politischen, menschlichen, sozialen und ökonomischen Klimas der Gesellschaft. Darüber hinaus steht die Veränderung im Strafvollzugsystem im Zusammenhang mit der Veränderung in der betreffenden Gesellschaft.[540] Obwohl sich um die Fortschritte und die Verbesserung des Vollzugswesens weiterhin bemüht wird, tut man sich bei der Resozialisierung der

537 Bannenberg; Uhlmann, S. 1.

538 Es kann sinnvoll erscheinen, mittels einer entsprechend vollzogenen Strafe auf die Persönlichkeit einzuwirken und auf diese Weise die Kriminalität zu verringern, vgl. Schmidt, S. 374ff.

539 Popper, S. 210f.

540 Vgl. Christie, S. 98f.

Straftäter noch immer schwer. Eine hohe Rückfälligkeit spiegelt fehlende Resozialisierungspolitik im Strafvollzug und eine harte Gesellschaft wieder, die mit geringer Nachsicht die Strafgefangenen in Empfang nimmt.

Eine neue Politik oder ein neues System für das Strafvollzugswesen soll im Hinblick auf den Fortschritt der Resozialisierung gefördert werden. In der Justizvollzugsanstalt soll der Gefangene das Leben in der Anstalt nicht als Vergeltung, sondern als Versöhnung empfinden. Das Leben der Gefangenen in der Anstalt soll als Resozialisierungschance angeboten werden. Der gesellschaftliche Wandel erreicht den Strafvollzug sehr schnell und der gesellschaftliche Trend in der Kriminalpolitik kann auch die zutreffende wissenschaftliche Erkenntnis nicht umkehren. Die Privatisierung im Strafvollzug stellt eine innovative Lösung für einen besseren Weg und einen längst überfälligen Wandel dar. Zwar ist die Privatisierungsidee nicht ganz neu, aber die Quelle und Struktur der Privatisierung sind heute anderes als früher. Das ehemalige Privatisierungssystem interessierte sich nicht für eine humane, geordnete und sichere Unterbringung der Gefangenen, sondern nur für den Gewinn der Privatunternehmen und des Staats. Daher sind Missbrauch und Korruption vorgekommen und zudem wurde der Gefangene nicht als Mensch, sondern als Arbeitskraft verstanden und behandelt.

Auf allen Ebenen sind private Rollen und Privatisierung, auch im Bereich der Kriminalpolitik und der soziale Kontrolle, eingebunden. Die Besichtigung privatisierter Justizvollzugsanstalten ist ein besonders gutes Anwendungsbeispiel einer praktischen Kriminalpolitik. Das übertragene Know-how erweckt den Eindruck, dass eine hoch motivierte und professionelle Mannschaft innovative Wege geht, die sich vom traditionell geprägten klassischen Strafvollzug vollständig entfernt und über ein neues Denken verfügt. Es ist besonders wichtig, zuerst eine Atmosphäre zu erzeugen, die die Gefangenen motiviert, an der Erreichung des Vollzugsziels aus sich selbst heraus zu beschäftigen. Durch die Atmosphäre einer privaten Justizvollzugsanstalt kann der Gefangene während des Aufenthalts den Mut zur Selbstüberwindung finden. Die Einbeziehung des privaten Sektors in das Strafvollzugssystem kann man dann erreichen, wenn das Vertrauen der Öffentlichkeit in das private Modell gewonnen und gesteigert wird.[541]

Bei der Entwicklung der Privatisierung im Strafvollzug geht es immer darum, den Staat bzw. die Sicherheit durch die Privatisierung zu stärken und nicht zu schwächen, die Resozialisierung der Gefangenen zu verbessern und nicht zu vernachlässigen. Zusammenfassend kann man hier feststellen, dass die Einführung einer privaten Justizvollzugsanstalt eine institutionelle Reform darstellt, die

541 Garland, 218f.

die Grenzen einer staatlichen Justizvollzugsanstalt überwindet und darüber hinaus dessen Grenzen anerkennt und innerhalb dieser Grenzen wirken kann. Die Non-Profit-Organisation bzw. ein privates Unternehmen wird mit dem Ziel der wirtschaftlichen und organisatorischen Effizienz des Strafvollzugs eine private Justizvollzugsanstalt organisieren. Bei der Entscheidung der Politik für die Privatisierung steht eine bessere Orientierung an den Methoden des effektiven und ökonomischen Managements im Vordergrund. Das private Unternehmen in den USA baut und verwaltet ihre eigene Justizvollzugsanstalt und übernimmt die Versorgung, Betreuung und das Rehabilitierungsprogramm des Gefangenen im Auftrag des Staats. Sie organisiert selbst die gesamte Justizvollzugsanstalt unter der Aufsicht des Staats. Die Erfahrung der privaten Justizvollzugsanstalt in den USA wird weltweit immer mehr verbreitet und erbrachte ein rasches Wachstum des privaten Unternehmens. Besonders beeinflussen die zwei großen Unternehmen – CCA (Corrections Corporation of America) und WCC (Wackenhut Corrections Corporation) – diesen Bereich. Einige Bundesstaaten Australiens haben Verbesserungen der aktuellen Situation im Strafvollzug nach dem Vorbild amerikanischer privater Justizvollzugsanstalten eingeführt. Mit dem Betrieb der Justizvollzugsanstalt durch das Privatunternehmen Prison Management in Großbritannien entwickelt sich ein neues Projektmodellin der Form von Privater Finanz-Initiative. Das Modell wird als Zusammenarbeit zwischen dem Staat und dem privaten Unternehmen als eine neue Politikform entwickelt, von anderen Ländern übernommen und in deren eigenem Strafvollzugssystem umgesetzt.

Durch den starken Einfluss der Privatisierungspolitik werden momentan auch in Deutschland privat organisierte Justizvollzugsanstalten aufgebaut. Nach Art. 33 Abs. 4 GG können in der Bundesrepublik Deutschland hoheitsrechtliche Aufgaben nicht an private Unternehmen übertragen werden. Aus diesem Grund haben einige Bundesländer den Entwurf eines Private-Public-Partnership-Modells als eine Teilprivatisierung der Strafanstalt entwickelt und durchgeführt. Dieses Modell für den neuen Betrieb der Strafanstalt fördert die enge Zusammenarbeit zwischen staatlichem und privatem Personal. Hierbei ist es wichtig, dass dem Dienstpersonal die im Strafvollzugsgesetz determinierten Aufgaben des Vollzugs bewusst sind und diese Aufgaben nur durch gemeinsame Bemühungen zu erfüllen sind. Durch die Kooperation zwischen dem Staat und dem privaten Unternehmen können die Mängel in den Betrieben der Justizvollzugsanstalt und bei der Behandlung der Gefangenen in Bezug auf die Resozialisierung ergänzt und verbessert werden. Um die Effektivität und Qualitätserhöhung bei diesem gemeinsamen Handel leisten zu können, soll grundsätzlich die Verantwortung in diesem System gemeinsam getragen werden. Durch bisherige Erfahrung an der teilprivatisierten

Justizvollzugsanstalt in Hünfeld (Hessen) kann man nicht feststellen, inwieweit die Teilprivatisierung einen ökonomischen Erfolg zeitigt. Im Moment ist die erste betriebswirtschaftliche Bilanz der JVA Hünfeld enttäuschend. Die meisten Menschen in der Justizvollzugsanstalt werden nicht verbessert, sondern dort erst richtig kriminalisiert, weswegen jeder Gefangene um Hilfe ruft. Jedoch kann der Staat das Vollzugsziel, die Resozialisierung der Gefangenen, allein tatsächlich nicht verwirklichen.

Vor allem sollen die Gefangenen während des Aufenthalts in einer Justizvollzugsanstalt die angebotene Chance zur Sinnesänderung wahrnehmen und ergreifen. Um dieses Ziel zu realisieren, sollten dabei sozial- und individualtherapeutische Hilfsmaßnahmen im Vordergrund stehen. Zugleich sollten alle Bediensteten bei der Anstalt die Personalqualität heben und besonders anspruchsvoll sein. Die Non-Profit-Organisation bzw. die christliche Gemeinschaft im Strafvollzug bemüht sich darum, ohne Gewinnorientierung nur die Bedürfnisse des grundsätzlichen Vollzugsziels für die Gesellschaft zu erreichen. Für die christliche Gemeinschaft kann es eine Aufgabe darstellen, eine bessere Gesellschaftsordnung aufzubauen. In der Geschichte des Strafvollzugs ist die christliche Religion ein wirksamer und ergänzender Bestandteil zur Verbesserung der Lebenssituation der Strafgefangenen gewesen. Bislang fungiert die Kirche im Bereich des Strafvollzugs als Hilfskraft, um besonders den Gefangenen und Haftentlassenen zu helfen, damit sie seelisch-geistige und materielle Folgen hinsichtlich ihrer Straftaten und des Vollzugs der Freiheitsstrafe bewältigen können. Es wird versucht, die individuellen Fähigkeiten der betroffenen Gefangenen zu erweitern und zu stärken sowie die Wiedereingliederung in die Gesellschaft zu erreichen und ihre Lebenssituation und -bedingungen nachhaltig zu verbessern. Die Mitwirkung der christlichen Gemeinschaft leistet einen großen Beitrag zu Abschiednahme von der Kriminalität durch entscheidende Hilfen. Besonders das christliche, ehrenamtliche Personal kann sich um die Strafgefangenen durch eine emotionale Beziehung aufgrund ihrer christlichen Haltung kümmern. Für einen verbesserten Strafvollzug spielt das Dienstpersonal bei der Anstalt eine wichtige Rolle. Zwar ist die Kirche oder die christliche Gemeinschaft bereits seit längerer Zeit in der Gefangenenseelsorge tätig, doch sind dort die Mittel und der Einfluss sehr begrenzt. Die professionelle Kultur und Theologie einer Organisation oder Gesellschaft mitprivaten Engagement kann sich somit auch im Strafvollzugsbereich effektiv betätigen, um das Vollzugsziel besser realisieren zu können.

Die Kirche oder die christliche Gemeinschaft wird dadurch zu einer Art Agentur für die Strafgefangenen und Straffälligen, vergleichbar mit einer Arbeitsagentur. Mit der Einrichtung spezialisierter privater Agenturen können Mängel des staatlichen Systems behoben werden. Der Schwerpunkt der privaten „faith-based“ -Justizvollzugsanstalt mit dem christlichen Programm von APAC und IFI liegt auf einer innerlichen Änderung der Strafgefangenen durch den christlichen Glauben an Gott. Eine christlich motivierte Behandlung fragt nicht nur nach dem Verhältnis des Menschen zu Gott, sondern gemäß dem biblischen Gesellschaftsverständnis auch nach seinen sozialen Bezügen. So kümmert sie sich um die Beziehungen zu Angehörigen und Freunden der Gefangenen und versucht, ihre Probleme durch die Bezugspersonen zu verstehen und aufzugreifen. Wenn die Gefangenen an einem biblisch orientierten Programm nachhaltig und intensiv teilgenommen hätten und seitens des Dienstpersonals mit der christlichen Einstellung versucht würde, eine tiefgehende und individuelle Beziehung zum Gefangenen aufzubauen, hätten die Gefangenen eine Motivation entwickeln können, um ihre falsche Einstellung zum Leben und ihrem schlechten Umgang mit ihren Mitmenschen zu ändern und zu erneuern. Die Wichtigkeit für die Strafgefangenen, „ob eine enge Beziehung besteht oder nicht, ist in allen Lebensbereichen erkennbar“[542]. Die Offenheit und Ehrlichkeit sind die beste Basis für besseres Verstehen. In der privaten „faith-based“-Justizvollzugsanstalt wird die Offenheit, Vertrauensbildung, Versöhnung und Wiedergutmachung im Hinblick auf eine christliche Besinnung eingesetzt. Mit der Grundauffassung der christlichen Ideologie aufgrund des Evangeliums lässt die gesamte Behandlung den Gefangenen sich schrittweise verändern und seine Versöhnung mit Gott erreichen. Das Resozialisierungsprogramm als besonderes Know-How ist mit dem christlichen Glaubenstraining verbunden. Während des Aufenthalts in der Anstalt wird der Gefangene in Richtung auf die Wiedergutmachung sozialisiert und im Anschluss an seine Wiedereingliederung in die Gesellschaft nach der Entlassung mit einer christlichen Gemeinde verbunden und weiter von ihr betreut.

Der tägliche Umgang mit dem Dienstpersonal und den Strafgefangenen in der Anstalt ist der eigentliche Ansatzpunkt der Resozialisierung. Es ist sehr wichtig, dass das Dienstpersonal eine verantwortungsvolle Einstellung zu den Gefangenen hat und immer mit dem Herzen bei der Arbeit ist.

Südkorea steht kurz davor, eine christlich-private Justizvollzugsanstalt zu eröffnen. Die christlich-private Justizvollzugsanstalt als erstes Projekt in Südkorea wird einerseits mit dem Fokus auf die Betriebseffektivität der Justizvollzugsanstalt und andererseits auf die Resozialisierung der Gefangenen durch die christliche Nächstenliebe und Vergebung der Sünden im christlichen Sinn errichtet. Bei der Behandlung wird in der therapeutisch-heilenden Beziehung zu Gott eine

---

542 Zitat, Christie, S. 22.

spezifisch christliche Wichtigkeit für die Änderung der Gefangenen gesehen.[543] Wenn nun die Gefangenen in einer solchen Justizvollzugsanstalt an einem biblisch orientierten Programm teilnehmen, und seitens des Personals versucht wird, eine tiefgehende Beziehung zu den Gefangenen aufzubauen, könnte dieses Modell zum Ziel staatlicher Rechtspolitik, nämlich der Resozialisierung der Straftäter, einen großen Beitrag leisten. Eine christlich-private Justizvollzugsanstalt könnte demnach zu einem Vorbild für den modernen Strafvollzug werden. Auch ist anzunehmen, dass das Dienstpersonal einer solchen Einrichtung sehr motiviert ist, jegliche Schwierigkeiten bei der Resozialisierung der Strafgefangenen zu überwinden und dafür geeignete Lösungen zu entwickeln. Über den Erfolg oder Misserfolg der Privatisierung des Strafvollzugsgeschehens soll nach den Resozialisierungsbemühungen des Vollzugs entschieden werden, mit denen die Rückkehr der Strafgefangenen in die Freiheit sorgfältig eingeleitet wird.

Eine neue Umsetzung aller Vorschläge soll vor allem die Verbesserung der Resozialisierungsbedingungen als grundlegendes Vollzugsziel beinhalten und darüber hinaus ein neues besseres Strafvollzugssystem schaffen, das in seiner Eigenschaft adäquat zur Kultur, zum Staatsverständnis und zum Rechtssystem agieren und fungieren kann. Daher können unterschiedliche Modelle zur Privatisierung im Strafvollzug entwickelt und umgesetzt werden. Hier braucht es noch immer viel Forschung, um ein besseres geeignetes Privatisierungsmodell in der Zukunft zu entwickeln.

Eine christlich organisierte private Justizvollzugsanstalt kann mit einem nachhaltigen und erfahrenen Behandlungsprogramm als positives internationales Vorbild für eine größere Akzeptanz des Resozialisierungsansatzes angesehen werden. Darüber hinaus steht eine christlich organisierte Justizvollzuganstalt in gewisser Weise aufgrund anderer Motive und Ziele mit anderen Methoden zur Behandlung des Gefangenen. Sie soll als Alternative zu allen anderen Organisationen mit den ähnlichen Zielsetzungen verstanden werden. Die private „faith-based“-Justizvollzugsanstalt wird das Leben vieler Menschen verändern, indem es einen Weg aus dem Strafvollzugsystem schaffen kann.

543 Nach der Meinung von Drewermann kann der Mensch nur in der Liebe zu Gott seine Angst und Zerstörungskraft überwinden, vgl. Drewermann, S. 930f.

Abkürzungsverzeichnis

Abs.	Absatz
APAC	Association for the Protection and Assistance of the Convicted
Art.	Artikel
a.a.O.	am angegebenen Orte
ACM	Australia Correctional Management
BverfGE	Bundesverfassungsgerichtsentscheidung
CCA	Corrections Corporation of America Corrections Corporation of Australia
GG	Grundgesetz
IFI	InnerChange Freedom Initiative
i.S.d.	im Sinne des
i.V.m.	in Verbindung mit
NAO	National Audit Office
o.S.	ohne Seitenangabe
PFI	Prison Fellowship International
PSG	Koreanisches Gesetz zur privaten Justizvollzugsanstalt
Rn.	Randnotiz
QCSC	Queensland Corrective Services Commission
S.	Seite/n
StVollzG	Strafvollzugsgesetz
TDCJ	Texas Department of Criminal Justice
TOP	Transition of Prisoners
UKDS	United Kingdom Detension Service
WCC	Wackenhut Corrections Corporation
WRV	Weimarer Reichsverfassung (offiziell: Verfassung des Deutschen Reichs)

Literaturverzeichnis

Zeitschriftenkürzel

Bay VBI	Bayrische Verwaltungsblätter
BewHi	Bewährungshilfe: Soziales, Strafrecht, Kriminalpolitik
CJPR	Criminal Justice Policy Review
DÖV	Die Öffentliche Verwaltung
GewArch	Gewerbearchiv
JQ	Justice Quarterly
JSSR	Journal for the Scientific Study of Religion
JuS	Juristische Schulung
JZ	Juristenzeitung
Krim J	Kriminologisches Journal
NK	Neue Kriminalpolitik
NJW	Neue Juristische Wochenschrift
NVwZ	Neue Zeitschrift für Verwaltungsrecht
StV	Strafverteidiger
ZRP	Zeitschrift für Rechtspolitik
ZFHE	Zeitschrift für Hochschulentwicklung
ZfStrVo	Zeitschrift für Strafvollzug und Straffälligenhilfe

Deutsche und englische Literatur

Anhorn, Roland, Kriminalpolitische Dimension zunehmender Privatisierung aus der Sicht der Sozialen Arbeit, in: Keicher, Rolf/Anhorn, Roland (Hrsg), Privatisierung als Chance?, Freiburg 2005, S. 101

APAC: 25 Jahre Reduktion der Rückfallquote, in: PFI World Report Mai-Juni 2000, http://www.pfch.ch/apac.html.

APAC Prisons, Their History, Methodology, Replication and Effectiveness, Prison Fellowship, September 2001.

Arloth, Frank, Grundfragen und aktuelle Probleme des Strafvollzugs, JuS 2003, S. 1041

Arnim, Hans Herbert von, Rechtsfragen der Privatisierung: Grenzen staatlicher Wirtschaftstätigkeit und Privatisierungsgebote, Wiesbaden 1995.

Ashman, Gerald (Parliament of Victoria), Security Payments – September 1994, Inquiry into the Victorian Building and Construction Industry http://www.parliament.vic.gov.au/edic/inquiries/article/399.

Aumüller, Thomas, Motive und Argumente für eine Privatisierung im Strafvollzug Strafvollzug aus Sicht der Politik, in: Stober, Rolf (Hrsg.), Privatisierung im Strafvollzug?, Köln u. a. 2001, S. 59.

Austin, James/Coventry, Garry, Emerging Issues on Privatized Prisons, Bureau of Justice Assistance, Februar 2001, http://www.prisonpolicy.org/scans/181249.pdf.

Bannenberg, Britta/Uhlmann, Petra, Die Konzeption des Täter-Opfer-Ausgleichs in Wissenschaft und Kriminalpolitik, in: Dölling, Dieter, Täter-Opfer-Ausgleich in Deutschland, Mönchengladbach 1998, S. 1

Batley, Mike/Dodd, Janet, International Experiences and Lessons, In: Maepa, Traggy (Hrsg.), Beyond Reteribution Prospects for Restorative Justice in South Africa, Pretoria 2005, S. 33, http://www.issafrica.org/uploads/Mono111.pdf.

Bauer, Yvonne, Täter-Opfer-Ausgleich in der Kritik: im historischen Kontext von Strafsystemen eine humane Alternative?, Oldenburg 1997.

Becher, Paul, Aufgaben der Kirche in Staat und Gesellschaft, in: Loretan, Adrian(Hrsg.), Kirche-Staat-Gesellschaft, Freiburg 1990. S. 185–214.

Bernsman, Hayo, Elektronisch überwachter Hausarrest unter besonderer Berücksichtigung von Privatisierungstendenzen, Göttingen 2000.

Bernhardt, Wolfgang, Überbelegungen zur konzeptionellen Einbettung von Maßnahmen zur Verbesserung der Bildung und Qualifizierung im Strafvollzug: Zugang – lernen und arbeiten – Übergang – Netzwerke, in: Bammann, Kai/Bührs, Ralf/Hansen, Bernd/Matt, Eduard (Hrsg.), Bildung & Qualifizierung im Gefängnis, Oldenburg 2008, S. 47.

Best, Peter, Privatisierung: Kriminalpolitische Perspektiven und Visionen in europäischer Dimension, in: Keicher, Rolf/Anhorn, Roland (Hrsg), Privatisierung als Chance?, Freiburg 2005, S. 136.

Bracher, Christian-Dietrich, Gefahrenabwehr durch Private, Berlin 1987.

Brandt, Henry, The White Paper: The InnerChange Freedom Initiative: A Christian Prison Community, The White Paper, http://www.pfi.org/cjr/apac/where1/reports/usa/IFIWhitePaper/.

Brandt, Peter, Die evangelische Strafgefangenenseelsorge, Göttingen 1985.

Bretschneider, Falk, Die Geschichtslosigkeit der totalen Institution – Kommentar zur Erving Gofffmans Studie „Asyle“ aus geschichtswissenschaftlicher Perspektive, in: Scheutz, Martin, Totale Institutionen, Innsbruck 2008, S. 135.

Bromley, Keith, Briefings prison factfile, November 2006, http://conservative home.blogs.com/torydiary/files/factfilenov2006finalsp4.pdf.

Bock, Michael, Kriminologie, München 2008, 6., vollst. neu bearb. und erw. Auflage.

Bolkas, Arthur James, The Significance of Christianity in Reforming Prisoners, Hawthorn, Vic., 2002.

Bonk, Heinz Joachim, Rechtliche Rahmenbedingungen einer Privatisierung im Strafvollzug, JZ, 2000, S. 435.

Böcker, Felix, Leben – Denken – Glauben, Baden-Baden 2006.

Brauser-Jung, Gerrit/Lange, Meik, „Privatisierung im Strafvollzug“ Bericht über ein Symposium der Forschungsstelle Sicherheitsgewerbe an der Universität Hamburg, in: ZfStrVo, 2001, S. 162. Budäus, Dietrich, Governance von Profit- und Nonprofit-Organisation in gesellschaftlicher Verantwortung, Wiesbaden 2005.

Bull, Hans Peter, Zum Wandel öffentlicher Aufgaben und Staatsfinanzen, in: Hesse, Joachim Jens (Hrsg.), Der Staat der Zukunft, Baden-Baden 1990, S. 31.

Burda, Arne; Kremer, H.-Hugo; Pferdt, Frederik G., Montering-Modell Paderborn (MeMoPad) –Konzept und erste Erfahrungen, in: ZFHE 2007, Nr. 4, S. 79.

Calliess, R.-P./Müller-Dietz, Heinz, Strafvollzugsgesetz, München 2005, 10., neu bearb. Auflage.

Calliess, Rolf-Peter/Müller-Dietz, Heinz, Strafvollzugsgesetz, München 2008, 11., neu bearb. Auflage.

Christie, Nils, Wieviel Kriminalität braucht die Gesellschaft, München 2005.

Clear, Todd R./Sumter, Melvina T., Prisoners, Prison, and Religion: Religion and Adjustment to Prison, Journal of Offender rehabilitation, 35. Jg., Nr. 3/4, 2002, S. 125.

Clemmer, Donald, The prison community, New York 1958.

Coester, Marc/Bannenberg, Britta/Rössner, Dieter, Die deutsche kriminologische Evaluationsforschung im internationalen Vergleich, in: Lösel, Friedrich (Hrsg.), Kriminologie und wissensbasierte Kriminalpolitik, Mönchengladbach 2007, S. 93.

Cooper, Matthew/Sabol, William J./West, Heather C., Prisoners in 2008, U.S. Department of Justice Bureau of Justice Statistics Bulletin, 8.12.2009, http://www.bjs.gov/index.cfm?ty=pbdetail&iid=1763.

Coyle, Andrew, Prison Privatisation, Presentation to a seminar at the Centre for Prisoners' Rights, Tokyo September 2004, www.prisonstudies.org.

Creighton, Angus, APAC Entre Rios, Mai 1999, http://www.pfi.org/cjr/apac/where1/reports/argentina/APACEntreRios/.

Creighton, Angus, Humaita Prison, November 1998, http://www.pfi.org/cjr/apac/where1/reports/brazil/humaita2/.

Creighton, Angus, Houston InnerChange Freedom Initiative, September 1998. www.pfi.org/cjr/apac/where1/reports/usa/houston/.

Culp, Richard F., The Rise and Stall of Prison Privatization: An Integration of Policy Analyis perspective, in: CJPR, 2005, S. 412.

Dandurand, Yvon/Griffiths, Curt T., Handbook on Restorative Justice Programmes, New York 2006.

Der Auftrag der Kirche im Gefängnis, „Die deutschen Bischöfe", Nr. 84 (März 2006), hrsg. vom Sekretariat der Deutschen Bischofskonferenz, Bonn, http://www.dbk.de/fileadmin/redaktion/veroeffentlichungen/deutsche-bischoefe/DB84.pdf.

Dessecker, Axel, Privatisierung in der Strafrechtspflege: Einführung und Überblick, in: Ders. (Hrsg.), Privatisierung in der Strafrechtspflege, Wiesbaden 2008, S. 110.

Di Fabio, Udo, Privatisierung und Staatsvorbehalt, JZ, 1999, S. 585.

Dreier, Horst/Wittreck, Fabian (Hrsg.), Grundgesetz: Textausgabe mit sämtlichen Änderungen und andere Texte zum Verfassungsrecht, Tübingen 2006.

Drewermann, Eugen, Glauben in Freiheit, Bd. 3, Teil 4, Bd. 2: Die Seele: Zwischen Angst und Vertrauen, Düsseldorf 2007.

Du Mênil, Béatrice, Die Resozialisierungsidee im Strafvollzug, München 1994.

Dölling, Dieter, Täter-Opfer-Ausgleich in Deutschland, Mönchengladbach 1998.

Ehlers, Jan Philip, Aushöhlung der Staatlichkeit durch die Privatisierung von Staatsaufgaben, Frankfurt am Main 2003.

Eichmann, Rainer, Ordnung durch Beobachtung, in: Grimm, Dieter/Hagenah, Evelyn (Hrsg.), Staatsaufgaben, Frankfurt am Main 1996, S. 177.

Eick-Wildgans, Susanne, Anstaltsseelsorge: Möglichkeiten und Grenzen des Zusammenwirkens von Staat und Kirche im Strafvollzug, Berlin 1993.

Eisenberg, Michael/Trusty, Brittani, Overview of the InnerChange Freedom Initiative: The Faith-Based Prison Program Within the Texas Department of Criminal Justice, Criminal Justice Policy Council, Austin 2002, http://www.lbb.state.tx.us/Public_Safety_Criminal_Justice/Reports/IFI.pdf.

Erfahrungsbericht – Öffentlich-Private-Partnerschaften in Deutschland, in: Die deutsche Bauindustrie (Hrsg.), ÖPP-Plattform, 4.4.2007, http://www.oepp-plattform.de/media/attachments/Erfahrungsbericht-PPP_-04.-April-20071.pdf.

Ervin, Lorenzo Komboa, Gefängnis: Die neue Sklaverei?, in: Emanzipation Humanum, 2000, http://emanzipationhumanum.de/deutsch/wto018.html.

Evangelische Kirche zum Strafvollzug: Was überdacht und geändert werden muß, Frankfurt am Main 1990.

Ewald, Isabelle, Privatisierung staatlicher Aufgaben, Brühl/Rheinland 2005.

Feest, Johannes, Kommentar zum Strafvollzugsgesetz, Neuwied 2000, 4. neubearb. Auflage.

Feest, Johannes/Lesting, Wolfgang/Selling, Peter, Totale Institution und Rechtsschutz, Opladen 1997.

Flügge, Christoph, Das Geschäft mit der Sicherheit: Moderne Technik im Justizvollzug, Technische Überwachung von Menschen, Privatisierung der Strafanstalt, in: ZfStrVo 2000, S. 261.

Foucault, Michel, Überwachen und Strafen, Frankfurt am Main 1976.

Gasch, Ursula, Privatisierung des Strafvollzugs: Vorstellung eines außereuropäischen Modells am Beispiel der Vereinigten Staaten von Amerika, BewHi 2004, S. 260.

Garland, David, Kultur der Kontrolle: Verbrechensbekämpfung und soziale Ordnung in der Gegenwart, Frankfurt am Main 2008.

Genders, Elaine, Privatisation and Innovation – Rhetoric and Reality: The Development of a Therapeutic Community Prison, in: The Journal of Criminal Justice, 2003, S. 137.

Giefers-Wieland, Natalie, Private Strafvollzugsanstalten in den USA: eine Perspektive für Deutschland?, Herbolzheim 2002.

Goffman, Erving, Asyle, Frankfurt am Main 1972.

Göppinger, Hans, Kriminologie, München 2008, 6., vollst. neu bearb. und erw. Auflage.

Gramm, Christof, Privatisierung und notwendige Staatsaufgaben, Berlin 2001.

Gusy, Christoph, Möglichkeit und Grenzen der Privatisierung des Jugendstrafvollzugs, JZ 2006, S. 651.

Gusy, Christoph/Lührmann, Olivia, Rechtliche Grenzen des Einsatzes privater Sicherheitsdienste im Strafvollzug, StV 2001, S. 46.

Harder, Hans-Martin/Harder-Sdzuj, Susanne (Hrsg.), Kirche – Recht – Wirtschaft, Frankfurt am Main 2007.

Harding, Richard, Private Prisons in Australia, Canberra 1992.
Harding, Richard, Private Prisons in Australia: The second phase, Canberra 1998.
Haug, Volker, Funktionsvorbehalt und Berufsbeamtentum als Privatisierungsschranken, NVwZ, 1999, S. 816.
Heinichen, Christian, Generalprävention im Lichte absoluter und relativer Straftheorien, München 2009.
Heinz, Werner (Hrsg.), Public private partnership – ein neuer Weg zur Stadtentwicklung?, Stuttgart 1993.
Helm, Thorsten Matthias, Rechtspflicht zur Privatisierung: Privatisierungsgebote im deutschen und europäischen Recht, Baden-Baden 1999.
Hercik, Jeanette, Development of a guide to resources on faith-based organizations in criminal justice: final report, Fairfax, Va., 2004.
Herrmann, Florian, Die rechtliche Organisation international tätiger kirchlicher Hilfswerke, Frankfurt am Main 2006.
Hess, Günther, Die Kirche im Strafvollzug, Heidelberg 1932.
Hessisches Ministerium der Justiz, JVA Hünfeld: Bundesweit erste teilprivatisierte Justizvollzugsanstalt, November 2005, http://www2.hs-fulda.de/fb/sw/profs/weber/download/PPVortragHuenfeld.pdf.
Hickmann, Christoph, Hinter Gittern ist ein Traum geplatzt, in: Süddeutsche Zeitung vom 17.05.2010.
Hirsch, Silke Marion, Die Kommunikationsmöglichkeiten des Strafgefangenen mit seiner Familie, Frankfurt am Main 2003.
Hochschild, Michael, Religion in Bewegung, Münster 2001.
Holger, Mühlenkamp, Die Strafrechtspflege als Unternehmen? Ökonomische Überlegungen zur (Teil-)Privatisierung von Gefängnissen, in: Dessecker, Axel (Hrsg.), Privatisierung in der Strafrechtspflege, Wiesbaden 2008, S. 31.
Höftmann, Björn, Public private partnership als Instrument der kooperativen und sektorübergreifenden Leistungsbereitstellung: dargestellt an der neu strukturierten kommunalen Abfallwirtschaft, Lütjensee 2001.
Höllinger, Franz, Religiöse Kultur in Brasilien, Frankfurt am Main 2007.
Jablecki, Lawrence T., Critique of Faith-based Prison Programs, in: Humanist Buffalo, 2005, S. 11.
Jachmann, Monika, Die Reichweite der hoheitsrechtlichen Befugnisse, in: Das Bonner Grundgesetz, München 2000, Band 2, 4., vollst. neubearb. Auflage, S. 1017.
James, Adrian L./ Bottomley, Keith, Prison Privatisation and the Remand Population: Principle Versus Pragmatism, in: The Howard Journal, 1998, S. 223.
James, Adrian L./Bottomley, Keith/Liebling, Alison/Clare, Emma, Privatizing Prisons: Rhetoric and Reality, London 1997.

Jessop, Bob, Veränderte Staatlichkeit, in: Grimm, Dieter/Hagenah, Evelyn (Hrsg.), Staatsaufgaben, Frankfurt am Main 1996, S. 43.
Johnson, Byron R./Larson, David B./, The InnerChange Freedom Initiative: a preliminary evaluation of a faith-based prison program, Philadelphia, Pa., 2003, http://www.baylor.edu/content/services/document.php/25903.pdf.
Johnson, Byron R./Larson, David B./Pitts, Timothy C., Religious Programs, institutional adjustment, and recidivism among former inmates in prison fellowship programs, in: JQ, 1997, S. 145. [DOI:10.1080/07418829700093251]
Johnstone, Gerry, Restorative justice: ideas, values, debates, Cullompton, 2005.
Jung, Heike, Ein Blick in Benthams „Panopticon“, in: Busch, Max (Hrsg.), Gefängnis und Gesellschaft, Pfaffenweiler 1994, S. 33.
Jung, Heike, Paradigmawechsel im Strafvollzug? Eine Problemskizze zur Privatisierung der Gefängnisse, in: Kaiser, Günther (Hrsg.), Kriminologische Forschung in den 80er Jahren, Freiburg 1998, S. 337.
Jung, Heike, Zur Privatisierung des Strafrechts, in: Jung, Heike (Hrsg.), Perspektiven der Strafrechtsentwicklung, Baden-Baden 1996, S. 69.
Kaiser, Günther; Schöch, Heinz, Strafvollzug, Heidelberg 2002, 5., neu bearb. und erw. Auflage.
Kaiser, Günther, Brauchen wir in Europa neue Konzept der Kriminalpolitik?, in: ZRP, 2000, S. 151.
Kämmerer, Jörn Axel, Verfassungsstaat auf Diät?, in: JZ, 1996, S. 1042.
Kämmerer, Jörn Axel, Privatisierung: Typologie – Determinanten – Rechtspraxis – Folgen, Tübingen 2001.
Kant, Immanuel, Die Metaphysik der Sitten, Königsberg 1793.
Kaspar, Johannes, Wiedergutmachung im Strafvollzug – Bestandaunahme und Perspektiven, ZfStrVo 2005, S. 85.
Kawamura, Gabriele, Täter-Opfer-Ausgleich und Wiedergutmachung im Strafvollzug?, ZfStrVo 1994, S. 3.
Kawamura-Reindl, Gabriele, Privatisierung von Strafvollstreckung am Beispiel der Vermeidung von Ersatzfreiheitsstrafen durch Gemeinnützige Arbeit in Bayern, in: NK 2006, S. 14.
Kerley, Kent R./Matthews, Todd L./Blanchard, Troy C., Religiosity, Religious Participation, and Negative Prison Behaviors, in: JSSR, 2005, S. 443.
Kerner, Hans-Jürgen, Verwirklichung des Täter-Opfer-Ausgleichs: Einsichten und Perspektiven anhand von Praxisdaten, in: Eppenstein, Dieter: Wiedergutmachung für Kriminalitätsopfer: Erfahrungen und Perspektiven, Mainz 1999, S. 27f.

Kißler, Leo, Privatisierung von Staatsaufgaben: Kriterien und Grenzen aus sozialwissenschaftlicher Sicht, in: Gusy, Christoph (Hrsg.), Privatisierung von Staatsaufgaben: Kriterien – Grenzen – Folgen, Baden-Baden 1998, S. 57.

Krause, Thomas, Geschichte des Strafvollzugs: von den Kerkern des Altertums bis zur Gegenwart, Darmstadt 1999.

Kreuzbauer, Günther, Argumentationsanalytische Betrachtungen zum Begriff der Menschenwürde, in: Fischer, Michael (Hrsg.), Der Begriff der Menschenwürde, Frankfurt am Main 2004, S. 45.

Kriegsmann, Nikolaus Hermann, Einführung in die Gefängniskunde, Heidelberg 1912.

Krölls, Albert, Die Privatisierung der inneren Sicherheit, in: GewArch, 1997/, S. 445.

Kulas, Axel, Privatisierung hoheitlicher Verwaltung – zur Zulässigkeit privater Strafvollzugsanstalten, Darmstadt, 1996.

Kulas, Axel, Die gesetzlichen Grundlagen der Privatisierung im Strafvollzug, in: Stober, Rolf (Hrsg.), Privatisierung im Strafvollzug?, Köln u. a. 2001, S. 35.

Krahl, Matthias, Privatisierung von Strafsanktionen, in: Festschrift für Manfred Seebode zum 70. Geburtstag am 15. September 2008, S. 481.

Kratz, Andreas, PPP-Projekt JVA Burg, in: Forum Strafvollzug, 2007, S. 215.

Kunze, Torsten, Privatisierung im Strafvollzug – Neubau einer teilprivatisierten Justizvollzugsanstalt in Hessen, in: Horváth, Peter (Hrsg.), Performance Controlling Stuttgart 2002, S. 315.

Laubenthal, Klaus, Strafvollzug, Berlin 2003, 3., neu bearb. Auflage.

Lee, Jin-Kuk, Symbolische Wiedergutmachung im strafrechtlichen Sanktionensystem, Frankfurt am Main 2000.

Lee, Won-Woo, Privatisierung als Rechtsproblem, Köln 1997.

Macionis, Stan/Millican, Ross, History of Contract Management In Queensland Corrections, http://www.aic.gov.au/media_library/publications/proceedings/23/macionis.pdf.

Mackeben, Andreas, Grenzen der Privatisierung der Staatsaufgabe Sicherheit, Baden-Baden 2004.

Magliana, Melissa, Aspekte der Privatisierung des Strafvollzugs in den USA, in: Herrfahrdt, Rolf (Hrsg.), Privatisierung des Haftvollzugs und Kriminalpolitik in Europa, Hannover 2005, S. 75.

Mayen, Thomas, Privatisierung öffentlicher Aufgaben: Rechtliche Grenzen und rechtliche Möglichkeiten, in: DÖV, 2001, S. 110.

Mayer, Ludwig, Zur Geschichte des Strafvollzugs, in: Rehborn, Günter (Hrsg.), Konferenz der Katholischen Geistlichen bei den Justizvollzugsanstalten der Bundesrepublik Deutschland mit Berlin (West), Kirche im Strafvollzug, Hamm 1978, S. 14.

Meier, Bernd-Dieter, Kriminologie, München 2007, 3., neu bearb. Auflage.

Meier, Bernd-Dieter, Kriminologie, München 2010, 4., neu bearb. Auflage.

Meister, Dietrich, Resozialisierung – unverzichtbare Zielsetzung eines rechtsstaatlichen Strafvollzugs im demokratischen Gemeinwesen, in: Schäfer, Karl Heinrich (Hrsg.), Strafvollzug im Wandel – Privatisierung contra Resozialisierung ?, Frankfurt am Main 1999, S. 111.

Meyer, Frank, Privatisierung und Strafvollzug, in BewHi, 2004, S. 272.

Meyer Larsen, Ingolf, Privatisierung von Strafvollzug: eine institutionenökonomische Analyse unter besonderer Berücksichtigung jugendlicher Straffälliger, Marburg 2007.

Mushoff, Tobias, Keine Privatsphäre im Strafvollzug?, in: Forum Recht 2004, S. 20.

Mösinger, Thomas, Privatisierung des Strafvollzugs, in: Bay VBl, 2007, S. 417.

Moyle, Paul, Profiting from Punishment: private prisons in Australia: reform or regression?, Annandale NSW 2000.

Müller-Dietz, Heinz, Der rechtliche Rahmen persönlicher Hilfe, in: Molinski, Waldemar (Hrsg.), Versöhnen durch Strafen?, Wien 1979, S. 119ff.

Nossal, Kim Richard/Wood, Philip J., The Raggedness of Prison Privatization: Australia, Britain, Canada, New Zealand and the United States Compared, London 2004, http://post.queensu.ca/~nossalk/papers/nossal_wood_prisons_0604.pdf.

Nibbeling, Joachim, Die Privatisierung des Haftvollzugs: die neue Gefängnisfrage am Beispiel der USA, Frankfurt am Main 2001.

Ortner, Helmut, Gefängnis: eine Einführung in seine Innenwelt, Weinheim 1988.

Ottoboni, Mário, Straftäter verändern, Eine Einführung in das APAC-Programm, Norderstedt 2008.

Päckert, Werner, Staatlicher Strafvollzug in Kooperation mit einem privaten Unternehmen: Erfahrungen aus der JVA Hünfeld, in: Dessecker, Axel (Hrsg.), Privatisierung in der Strafrechtspflege, Wiesbaden 2008, S. 115.

Peters, Freia Unternehmen Knast, Berliner Zeitung, 10.7.2013, http://www.berliner-zeitung.de/archiv/in-den-usa-werden-viele-gefaengnisse-von-privatfirmen-betrieben--weil-es-weniger-kostet---und-weil-es-immer-mehr-haeftlinge-gibt-unternehmen-knast,10810590,10099588.html.

Pettway, Coretta, Faith Based Programming, Reentry and Recidivism, Ohio Department of Rehabilitation and Correction, 2007, https://kb.osu.edu/

dspace/bitstream/1811/30146/2/Tool_Kit_Faith_Programming_Reentry_Recidivism.pdf.

Pirnay, Miriam, Public private partnerships und deren Einordnung in das europäische Wettbewerbsrecht, Frankfurt am Main 2008.

Pirner, Manfred, Christliche Identität, in: ZRP, 2002, S. 68.

Popper, Karl, Auf der Suche nach einer besseren Welt, München 2009, 15. Auflage.

Preusker, Harald, Kriminalpolitische Dimension zunehmender Privatisierung aus der Sicht der Justiz, in: Keicher, Rolf; Anhorn, Roland (Hrsg), Privatisierung als Chance?, Freiburg 2005, S. 91.

Püttner, Günter, Rechtliche Rahmenbedingungen der Privatisierung, in: Brede, Helmut (Hrsg.), Privatisierung und die Zukunft der öffentlichen Wirtschaft, Baden-Baden 1998, S. 257.

Radbruch, Gustav/Gwinner, Heinrich, Geschichte des Verbrechens: Versuch einer historischen Kriminologie, Frankfurt am Main 1990.

Reuter, Judith, Verfassungsrechtliche Grundlagen des bürgerschaftlichen Engagements, Frankfurt am Main 2005.

Rinken, Alfred, Privatisierung – eine Erosion des Öffentlichen, Vortrag vor der Juristischen Gesellschaft Bremen am 31. Mai 2010, S. 18f.

Roper, Tony, Association for the Protection and Assistance to the Condemned Program, Presentation at the 2013 ACEA Conference „The Learning Prison. Correctional Education in the 21st Century“, http://www.acea.org.au/Content/2003%20papers/Paper%20Roper.pdf.

Roth, Claudius, Privatisierungsmöglichkeiten im geschlossenen Strafvollzug, Frankfurt am Main 2006.

Roth, Lenny, Privatisation of Prisons, Background Paper No. 3/04. http://www.parliament.nsw.gov.au/prod/parlment/publications.nsf/0/ED4BA0B9D18C2546CA256EF9001B3ADA/$File/bg03-04.pdf.

Rotthaus, Karl Peter, Resozialisierung – was sonst? In: Bieschke, Volker/Egg, Rudolf (Hrsg.), Strafvollzug im Wandel, Wiesbaden 2001, S. 25.

Rusche, Georg/Kirchheimer, Otto, Sozialstruktur und Strafvollzug, Frankfurt am Main 1981.

Schäfer, Otto, Seelsorger im Justizvollzug, in: Diestel, Gudrun; Rassow, Peter (Hrsg.), Kirche für Gefangene: Erfahrungen und Hoffnungen aus der Seelsorgepraxis im Strafvollzug, München 1980, S. 35ff.

Schäffer, Peter, Rückfall bei ehemaligen Strafgefangenen, Baden-Baden 1996.

Scheutz, Martin, „Totale Institutionen“ – missgeleiteter Bruder oder notwendiger Begleiter der Moderne?, in: Ders., Totale Institutionen, Innsbruck 2008, S. 3.

Schmidt, Eberhard, Einführung in die Geschichte der deutschen Strafrechtspflege, Göttingen 1965, 3., völlig durchgearb. u. veränd. Auflage.

Schneider, Hans Joachim, Fortschritte der internationalen, der europäischen und der deutschsprachigen Kriminologie, in: Schneider, Hans Joachim (Hrsg.), Internationales Handbuch der Kriminologie, Band 1: Grundlagen der Kriminologie, Berlin 2007, S. 1.

Schneider, Hans Joachim, Theorien der Kriminologie, in: Schneider, Hans Joachim (Hrsg.), Internationales Handbuch der Kriminologie, Band 1: Grundlagen der Kriminologie, Berlin 2007, S. 125.

Schwerin, Ulrich von, Private Gefängisse: Kann Privatisierung im Strafvollzug Kosten sparen? Stuttgarter Zeitung vom 18.04.2008.

Schwind, Hans-Dieter/Blau, Günter, Strafvollzug in der Praxis, Berlin 1998, 2., völlig neu bearb. Auflage.

Schwind, Hans-Dieter, Strafvollzugsgesetz, Berlin 2005, 4., neu bearb. Auflage.

Schwitzer, Klemens, Kulturelle Grundlagen der Medialisierung in Südkorea, Wiesbaden 2010.

Shichor, David, Private Prison in Perspective: Some Conceptual Isues, in: The Howard Journal, 1998, S. 82.

Smartt, Ursula, Die neue Vollzugsanstalt Gelsenkirchen – Ein Einstieg in die Gefängnisprivatisierung?, in: ZfStrVo 1999, S. 270.

Solbach, Günter, Einführung in das Strafvollzugsrecht, Köln 1982.

Statistisches Bundesamt (Hrsg.), Wirtschaft und Statistik, 2/2003, https://www.destatis.de/DE/Publikationen/WirtschaftStatistik/Monatsausgaben/WistaFebruar03.html.

Steffens, Rainer, Wiedergutmachung und Täter-Opfer-Ausgleich im Jugend- und Erwachsenenstrafrecht in den neuen Bundesländern, Mönchengladbach 1999.

Steindorfner, Michael, Die Einbeziehung Dritter in der Baden-Württembergischen Justiz, in: FS 2007, S. 208f.

Steinkamp, Hermann, Seelsorge als Anstiftung zur Selbstsorge, Münster 2005.

Strafe: Tor zur Versöhnung? – Eine Denkschrift der Evangelischen Kirche in Deutschland zum Strafvollzug, hrsg. vom Kirchenamt im Auftrag des Rates der Evangelischen Kirche in Deutschland, Gütersloh 1990.

Strauß, Thomas, Funktionsvorbehalt und Berufsbeamtentum, Berlin 2000.

Strodel, Gebhard, Seelsorge in Justizvollzugsanstalten, München 2003.

Stöckle-Niklas, Claudia, Das Gefängnis – eine eingeschlechtliche Institution, Bonn 1989.

Stober, Rolf, Penal-Private-Partnership? – Zur Kooperation zwischen Staat und Privat im Strafvollzug, in: Stober, Rolf (Hrsg.), Privatisierung im Strafvollzug?, Köln u. a. 2001, S. 1.

Stratenwerth, Günter, Was leistet die Lehre von den Strafzwecken?, Berlin 1995.

The Florida Corrections Commission, A Review of the Community Control Program & Electronic Monitoring within the Florida Department of Corrections Report, 17.03.2007. http://www.dc.state.fl.us/.

Thompson, Paul, PPPs in Criminal Justice: The role of the private sector in prison management, in: New Economy, 2000, S. 150.

Topsch, Katrin, Die Privatisierung staatlicher Unternehmen in Großbritannien, Köln 2002.

Trusty, Brittani/Eisenberg, Michael, Initial Process and Outcome Evaluation of the InnerChange Freedom Initiative: The Faith-Based Prison Program in TDCJ, Criminal Justice Policy Council, Austin 2003, http://www.lbb.state.tx.us/Public_Safety_Criminal_Justice/Reports/IFIInitiative.pdf.

Tschui, Patrick, Die Alpha-Welle: wie biblisch ist der Alpha-Kurs, 2001, Oerlinghausen 2003.

Van Ness, Daniel W., Trends in Prisons around the World and in Latin America, Paper presented at Seminario-Taller: Análisis y Perspectivas del Sistema Penitenciario en Panamá, 24.5.2001, http://www.restorativejustice.org/10fulltext/van-ness-daniel.-trends-in-prisons-around-the-world-and-in-latin-america.

Vardalis, James J./Becker, Fred W., Legislative Opinions Concerning the Private Operation of State Prisons: The Case of Florida, in: CJPR 2000, S. 136.

Voigts, Werner, Zur Geschichte, Aufgabe und Funktion des Strafanstaltspfarrers, in: Kleinert, Ulfrid (Hrsg.), Strafvollzug, München 1972, S. 113ff.

Völmicke, Christine, Privatisierung öffentlicher Leistung in Deutschland, Frankfurt am Main 1996.

Walter, Michael, Strafvollzug – Ende der Resozialisierung?, In: Bieschke, Volker/Egg, Rudolf (Hrsg.), Strafvollzug im Wandel, Wiesbaden 2001, S. 25.

Weber, Hartmut-Michael, Straffälligenhilfe, Staatlichkeit und Privatisierung, in: Keicher, Rolf/Anhorn, Roland (Hrsg), Privatisierung als Chance?, Freiburg 2005, S. 67.

Weisel, Klaus, Das Verhältnis von Privatisierung und Beleihung, Baden-Baden 2003.

Wendt, Wolf Rainer, Unterstützung fallweise: Case Management in der Sozialarbeit, Freiburg 1991.

Wiertz, Annelie, Strafen – Bessern – Heilen? Möglichkeiten und Grenzen des Strafvollzugs, München 1982.

Wimber, John/Springer, Kevin, Heilung in der Kraft des Geistes, Hochheim 1987.
Wippermann, Carsten, Die gesellschaftliche Rolle der christlichen Kirchen in Südkorea, in: Korea Forum, 1. Ausgabe 1999, http://koreaverband.ahkorea.com/_file/publikationen/archive/1-99/1-99-art10.pdf.
Wippermann, Carsten, Zwischen den Kulturen: Das Christentum in Südkorea, Münster 2000.
Wiswede, Günter, Sozialpsychologie-Lexikon, München 2004.
Wohlfahrt, Norbert, Was opfern wir dem Markt? Hintergründe und Folgen der Privatisierung öffentlicher Aufgaben, in: Keicher, Rolf; Anhorn, Roland (Hrsg), Privatisierung als Chance?, Freiburg 2005, S. 45.
Workman, Kim, Recent Research Supporting the Underlying Theories of APAC-Based Prisons, 2002, http://www.pfi.org/cjr/apac/is-there-evidence-that-communities-of-restoration-work/studies/recentresearch/.

Koreanische Literatur

Agape, Bericht über private Strafvollzugsanstalt, Seoul 2006.
Bae, Jong Dae/Jung, Seung Hwan, Strafvollzug, Seoul 2002, S. 160f.
Justizministerium in Südkorea, Justizvollzugsjahresbericht 2006.
Justizministerium in Südkorea, Justizvollzugsjahresbericht 2009.
Kim, Ki Won, On Private Prisons, Seoul 2004.
Kim, Mu El, Das Programm der privaten Strafvollzugsanstalt in Korea, Seoul 2007.
Nam, Sang-Chul, Strafvollzug, Seoul 2005.
The National Assembly of the Republic of Korea, Management zur privaten Justizvollzugsanstalt, Seoul 2002.
Park, Kil Seo, inrichtung und Betrieb der privaten christlichen Strafvollzugsanstalt, Seoul 2007.
Seo Tak Joo/Sunhwa Kim, Innere Heilung, Seoul 2003.

Internetquellen

http://www.abc.net.au/.
http://www.corrections.go.kr.
http://www.corrections.sa.gov.au.
http://www.correctionscorp.com/.
http://www.crimeinfo.org.uk/.

http://www.moral-reconation-therapy.com.
http://www.ifiprison.org.
http://www.pfi.org.
http://www.poauk.org.uk/.htm.
http://www.reform.co.uk.
http://www.thegeogroupinc.com.
http://www.wcc-corrections.com/.
http://www.ws3.prisonreform.web.baigent.net.
http://www.corrections.go.kr/.
http://www.agapeprison.org/.